新しい入管法

2009年改正の解説

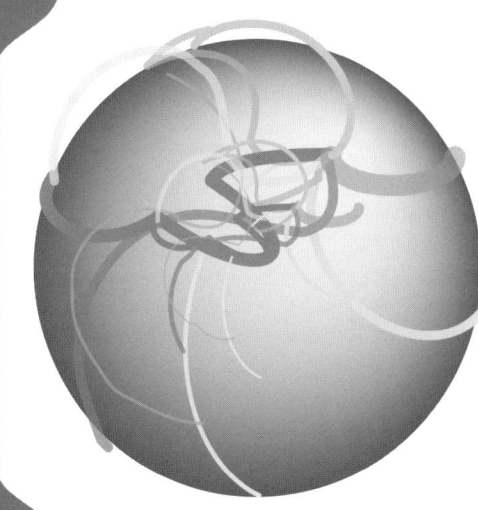

前法務省入国管理局参事官
札幌地方検察庁刑事部長
山田利行

前法務省入国管理局付検事
札幌地方検察庁検事
中川潤一

前法務省入国管理局付検事
東京地方検察庁検事
木川和広

法務省入国管理局付検事
中本次昭

法務省入国管理局総務課補佐官
本針和幸

著

有斐閣

目　次

第1章　はじめに―――1
第2章　新たな在留管理制度の導入に係る措置―――5

1　改正経緯等 …………………………………………………………… 5
(1) 背　景　5　　(2) 出入国管理政策懇談会における議論　18
(3) 国会における審議状況等　22

2　対 象 者 ……………………………………………………………… 29
(1) 中長期在留者　29　　(2) 対象外の者（第19条の3ただし書に掲げる者）　30　　(3) 対象外の者（特例上陸許可を受けている者等）　30
(4) 対象外の者（不法滞在者）　31　　(5) 施行日との関係　31

3　情報の継続的把握 …………………………………………………… 34
(1) 在留カード　34　　(2) 外国人本人の届出　55　　(3) 情報の継続的把握　64

4　情報の正確性を担保するための諸制度 …………………………… 66
(1) 所属機関による届出　66　　(2) 事実の調査　67　　(3) 在留資格の取消制度　69

5　適法に在留する外国人の利便性の向上に係る措置 ……………… 77
(1) 在留期間の上限の伸長　77　　(2) 再入国許可の見直し　78
(3) その他　82

6　退去強制 ……………………………………………………………… 83
(1) 概　要　84　　(2) 退去強制事由の追加　85

7　罰　則 ………………………………………………………………… 90
(1) 虚偽届出罪等　90　　(2) 不法就労助長罪の特則規定　92　　(3) 在留カードの偽変造等の行為　93　　(4) 他人名義の在留カードの行使等の行為　97　　(5) 国外犯処罰　98　　(6) 中長期在留者の在留カードの受領等の義務違反　98　　(7) 乗員手帳等携帯義務違反　99　　(8) 代理人等の届出義務等違反　100

8　その他 ………………………………………………………………… 101
(1) 入国審査官，入国警備官の職務　101　　(2) 住民基本台帳制度との関係　102　　(3) 送　達　108　　(4) 本人の出頭義務と代理制度　114

目　次

第3章　特別永住者に係る措置 ─────────────────── 117

1　総　論 ……………………………………………………………… 117
2　特別永住者証明書 ………………………………………………… 118
　　⑴　総　論　118　　⑵　記載事項等　121　　⑶　有効期間　123
　　⑷　再 交 付　125　　⑸　失効及び返納　126　　⑹　受領及び提示等　128
3　特別永住者の届出・申請 ………………………………………… 129
　　⑴　住居地の届出　129　　⑵　住居地以外の記載事項の変更届出　130
4　本人の出頭義務と代理人による申請等 ………………………… 131
　　⑴　本人出頭義務と代理人による申請等　132　　⑵　本人出頭義務と代理人による届出等　132
5　特別永住者の利便性向上のための制度 ………………………… 133
　　⑴　特別永住者証明書の記載事項・変更届出事項の削減　133　　⑵　再入国許可制度の見直し　133
6　罰　則 ……………………………………………………………… 134
　　⑴　特別永住者証明書の偽変造等　135　　⑵　届出義務違反等　136
　　⑶　過　料　136

第4章　改正法附則・経過措置 ───────────────── 137

1　施 行 日 …………………………………………………………… 137
2　経過措置 …………………………………………………………… 138
　　⑴　新規上陸時に在留カードを交付できない場合の措置　138　　⑵　適用範囲　139　　⑶　在留カード又は特別永住者証明書の法施行前の交付申請　142　　⑷　外国人登録証明書を在留カード又は特別永住者証明書とみなす措置　145　　⑸　各種届出及び申請義務　149　　⑹　本人の出頭義務と代理人による届出等　154　　⑺　在留資格の取消し及び退去強制に係る規定の経過措置　154　　⑻　在留資格の取消し及び退去強制　155　　⑼　登録原票の送付等　156　　⑽　事務の区分　157　　⑾　罰則等に関する経過措置　157　　⑿　罰　則　158

第5章　その他の改正 ───────────────────── 165

1　外国人研修制度の見直しに係る措置 …………………………… 165
　　⑴　「技能実習」に係る在留資格の区分　167　　⑵　「技能実習」に係る在留資格の特徴　169　　⑶　経過措置　172

2 在留資格「留学」と「就学」の一本化 ……………………………*173*
3 入国者収容所等視察委員会の設置 …………………………………*174*
4 拷問等禁止条約等の送還禁止規定の明文化 ………………………*176*
5 在留期間更新申請等をした者の在留期間の特例に係る措置 ………*177*
　⑴ 本改正の趣旨　*178*　　⑵ 資格外活動について　*179*　　⑶ 再入国の許可について　*179*
6 上陸拒否の特例に係る措置 …………………………………………*180*
　⑴ 本改正の趣旨　*183*　　⑵ 対象となる上陸拒否事由　*184*　　⑶ 具体的な手続等　*184*　　⑷ その他　*184*

第6章　終わりに────────────────*187*

事項索引 ………………………………………………………………*193*
条文索引 ………………………………………………………………*196*

資料目次

1　外国人入国者数の推移（グラフ）　*5*
2　外国人入国者数の推移（表）　*6*
3　国籍・出身地別外国人登録者数の推移（グラフ）　*8*
4　国籍・出身地別外国人登録者数の推移（表）　*9*
5　従来の法制度とその問題点について　*17*
6　新たな在留管理制度に関する提言（イメージ）　*21*
7　外国人に対する主な行政サービス一覧　*32*
8　在留カードのイメージ図　*37*
9　法定受託事務以外の法務省と市町村の情報のやりとり（住民基本台帳制度との関係）　*107*
10　在留カード交付対象者に係る法定受託事務の流れ　*108*
11　特別永住事務の流れ　*110*
12　特別永住者に係る法定受託事務（特別永住事務を除く）の流れ　*111*
13　特別永住者証明書のイメージ図　*120*
14　改正法本則と附則の適用関係整理表　*162*
15　施行時に既に在留している中長期在留者又は特別永住者についての経過措置　*163*
16　研修・技能実習生の外国人登録者数の推移　*166*
17　不正行為認定機関数の推移　*167*

本書で用いている法令名の略語とその正式名は下記の通りである。

入管法	出入国管理及び難民認定法（昭和26年政令第319号）
入管特例法	日本国との平和条約に基づき日本の国籍を離脱した者等の出入国管理に関する特例法（平成3年法律第71号）
外登法	外国人登録法（昭和27年法律第125号）
住基法	住民基本台帳法（昭和42年法律第81号）
改正法	出入国管理及び難民認定法及び日本国との平和条約に基づき日本の国籍を離脱した者等の出入国管理に関する特例法の一部を改正する等の法律（平成21年法律第79号）

　本書で掲げている条文のうち，今次の改正によって新設された条文，または改められた文言については，下線を引いて示している。

第 1 章

はじめに

　去る平成21年7月8日，第171回国会において，「出入国管理及び難民認定法及び日本国との平和条約に基づき日本の国籍を離脱した者等の出入国管理に関する特例法の一部を改正する等の法律」（以下「改正法」という）が成立し，同月15日，平成21年法律第79号として公布された。

　同法は，①新たな在留管理制度の導入に係る措置，②特別永住者に係る措置，③外国人研修制度の見直しに係る措置，④在留資格「留学」と「就学」の一本化，⑤入国者収容所等視察委員会の設置，⑥拷問等禁止条約等の送還禁止規定の明文化，⑦在留期間更新申請等をした者の在留期間の特例に係る措置，⑧上陸拒否の特例に係る措置，⑨乗員上陸の許可を受けた者の乗員手帳等の携帯・提示義務に係る措置，⑩不法就労助長行為等に的確に対処するための退去強制事由等の整備に係る措置を内容とするものであり，その内容は多岐にわたっている。

　本書においては，まず，第2章において，最も重要な改正である①の「新たな在留管理制度の導入に係る措置」について詳細に解説する。新たな在留管理制度の導入に係る措置は，従来の出入国管理及び難民認定法（以下「入管法」という）と外国人登録法（以下「外登法」という）の2つの制度による情報把握・管理の制度を改め，適法な在留資格をもって我が国に中長期間在留する外国人を対象として，法務大臣が公正な在留管理に必要な情報を継続的に把握する制度を構築するとともに，在留期間の上限の伸長や再入国許可制度の見直し等の，適法に在留する外国人の利便性を向上させるための措置を講ずるものである。これに伴い，外登法は廃止される。

　また，従来の制度では，外国人に住民基本台帳法の適用がなかったため，市

第1章 はじめに

町村は，事実上，外国人登録を受けた外国人を住民として把握し，その情報を各種行政サービスの基礎としていたが，今回，改正法と同時に成立した「住民基本台帳法の一部を改正する法律」により，外国人住民が住民基本台帳法の適用対象に加えられている。

このように，「新たな在留管理制度の導入に係る措置」は，従来の制度を大きく変更する重要な法改正であることから，本書においては，同制度を導入するに至った背景，法務大臣の私的懇談会である出入国管理政策懇談会における議論や国会における審議状況等の改正経緯について概観した上，制度の内容について逐条的に詳細な解説をすることとしている。なお，⑨の「乗員上陸の許可を受けた者の乗員手帳等の携帯・提示義務に係る措置」及び⑩の「不法就労助長行為等に的確に対処するための退去強制事由等の整備に係る措置」については，「新たな在留管理制度の導入に係る措置」と密接に関連するものも多いことなどから，第2章の中で適宜解説していくこととする。

次に，第3章において，③の「特別永住者に係る措置」について解説する。特別永住者については，新たな在留管理制度の対象とはせず，基本的には，現行制度を実質的に維持しつつも，利便性向上の観点から，制度の見直しを行っている。本書においては，「特別永住者に係る措置」についても，その重要性にかんがみ，逐条的に詳細な解説をしている。

続いて，第4章において，「新たな在留管理制度の導入に係る措置」及び「特別永住者に係る措置」に係る経過措置を中心に，改正法附則について解説する。前述したように，新たな在留管理制度の導入に係る措置は従来の制度を大きく変更するものである。したがって，その施行に当たっては，混乱を招くことを避け，着実にこれを実施する必要があり，そのため改正法は附則において様々な経過措置を設けている。経過措置の内容は極めて重要であるが，その性質上複雑なものも多い。そこで，本書においては，この点についても逐条的に詳細な解説をしているほか，必要に応じて図表やチャート図を用いることとしている。

さらに、第5章において、「その他の改正」として、前述した③から⑧までの措置について解説する。これらの措置についても入管行政上重要なものばかりであるところ、本書においては、各措置の立法趣旨、内容等について必要な説明を行うこととしている。

　このように、本書は、新たな在留管理制度の導入に係る措置を始めとする改正法の立法趣旨、内容等を明らかにするため必要な解説を行うことにより、広い意味での入管行政に関わるすべての人々に対し、改正法の理解の一助になるべき資料を提供することを目的とするものである。
　なお、本書における意見にわたる部分については、筆者らの私見であることをお断りしておく。

第2章

新たな在留管理制度の導入に係る措置

1 改正経緯等

(1) 背　景
ア　我が国の国際化の進展と在留外国人の数及び構成の変化

　近年，我が国の国際化が進み，様々な目的をもって新たに来日したいわゆるニューカマーが著しく増加し，我が国に在留する外国人の数及び構成が大きく変化している。

　外国人新規入国者数は，出入国管理に関する統計を取り始めた昭和25年には多く見ても約1万8千人[1]であったが，平成元年に200万人，同12年に

資料1　外国人入国者数の推移（グラフ）

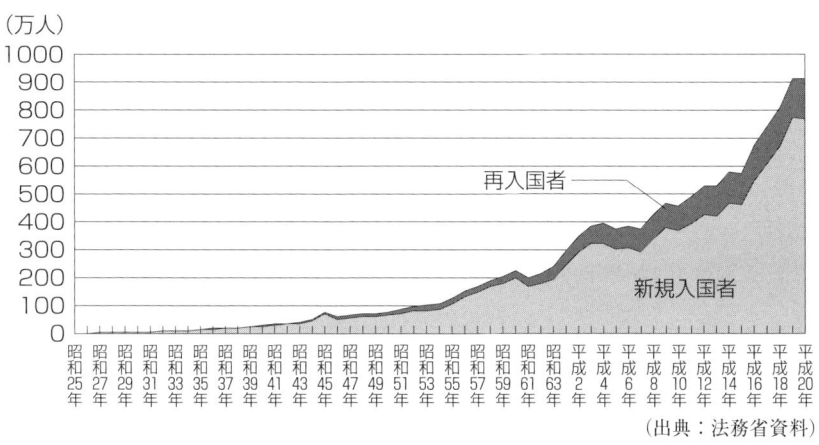

（出典：法務省資料）

第2章 新たな在留管理制度の導入に係る措置

資料2 外国人入国者数の推移（表）

(人)

	新規入国者	再入国者	入国者総数
昭和 25 年	—	—	18,046
昭和 26 年	—	—	24,268
昭和 27 年	—	—	32,262
昭和 28 年	—	—	46,857
昭和 29 年	—	—	47,425
昭和 30 年	—	—	55,638
昭和 31 年	—	—	66,356
昭和 32 年	—	—	80,361
昭和 33 年	—	—	96,514
昭和 34 年	—	—	118,020
昭和 35 年	—	—	146,881
昭和 36 年	168,640	11,408	180,048
昭和 37 年	190,129	12,052	202,181
昭和 38 年	212,637	14,652	227,289
昭和 39 年	256,675	16,876	273,551
昭和 40 年	269,903	21,406	291,309
昭和 41 年	312,488	26,096	338,584
昭和 42 年	347,495	28,434	375,929
昭和 43 年	383,624	34,898	418,522
昭和 44 年	470,919	44,197	515,116
昭和 45 年	721,750	53,311	775,061
昭和 46 年	525,963	72,098	598,061
昭和 47 年	581,218	81,256	662,474
昭和 48 年	636,137	104,601	740,738
昭和 49 年	608,743	115,274	724,017
昭和 50 年	653,247	127,051	780,298
昭和 51 年	739,496	141,707	881,203
昭和 52 年	826,156	156,913	983,069

昭和 53 年	835,370	181,779	1,017,149
昭和 54 年	893,987	195,354	1,089,341
昭和 55 年	1,087,071	208,795	1,295,866
昭和 56 年	1,330,720	221,576	1,552,296
昭和 57 年	1,479,859	228,447	1,708,306
昭和 58 年	1,667,585	233,012	1,900,597
昭和 59 年	1,783,689	252,799	2,036,488
昭和 60 年	1,987,905	271,989	2,259,894
昭和 61 年	1,710,450	311,000	2,021,450
昭和 62 年	1,787,074	374,201	2,161,275
昭和 63 年	1,960,320	454,127	2,414,447
平成 元 年	2,455,776	529,988	2,985,764
平成 2 年	2,927,578	576,892	3,504,470
平成 3 年	3,237,874	618,078	3,855,952
平成 4 年	3,251,753	674,594	3,926,347
平成 5 年	3,040,719	706,438	3,747,157
平成 6 年	3,091,581	739,786	3,831,367
平成 7 年	2,934,428	798,022	3,732,450
平成 8 年	3,410,026	834,503	4,244,529
平成 9 年	3,809,679	859,835	4,669,514
平成 10 年	3,667,813	889,032	4,556,845
平成 11 年	3,959,621	941,696	4,901,317
平成 12 年	4,256,403	1,015,692	5,272,095
平成 13 年	4,229,257	1,057,053	5,286,310
平成 14 年	4,646,240	1,125,735	5,771,975
平成 15 年	4,633,892	1,093,348	5,727,240
平成 16 年	5,508,926	1,247,904	6,756,830
平成 17 年	6,120,709	1,329,394	7,450,103
平成 18 年	6,733,585	1,374,378	8,107,963
平成 19 年	7,721,258	1,430,928	9,152,186
平成 20 年	7,711,828	1,434,280	9,146,108

※注1参照。　　　　　　　　　　　（出典：法務省資料）

400万人,同17年に600万人の大台をそれぞれ突破し,同20年には約771万人と著しく増加している[2]（資料1「外国人入国者数の推移（グラフ）」〔5頁〕を参照。なお,詳細については資料2「外国人入国者数の推移（表）」〔6頁〕を参照）。

また,外国人登録者数は,終戦直後の昭和22年末に約64万人[3]であったものが,平成2年末に100万人,同17年末に200万人の大台をぞれぞれ突破し,同20年末には約222万人へと増加している。

さらに,この外国人登録者数を国籍（出身地を含む）別に見ると,まず,昭和22年末に全体の約93.6％（約60万人）と圧倒的な比率を占めていた韓国・朝鮮の外国人登録者は,その後平成2年末に約64.0％（約69万人）,同20年末に約26.6％（約59万人）と推移しており,その全体における比率の低下が著しい。なお,昭和22年末における韓国・朝鮮の外国人登録者はそのほとんどが現在の特別永住者であったが,特別永住者はその後は漸減傾向にあり,平成20年末における特別永住者数は約42万人（約18.8％）となっている。

一方,中国の外国人登録者数については,昭和22年末に約3万人（約5.1％）であったものが,平成2年末に約15万人（約14.0％）,同19年末には韓国・朝鮮を抜いて国籍別で首位の約61万人（約28.2％）となり,同20年末には約66万人（約29.6％）と増加の一途を辿っている。

資料3　国籍・出身地別外国人登録者数の推移（グラフ）

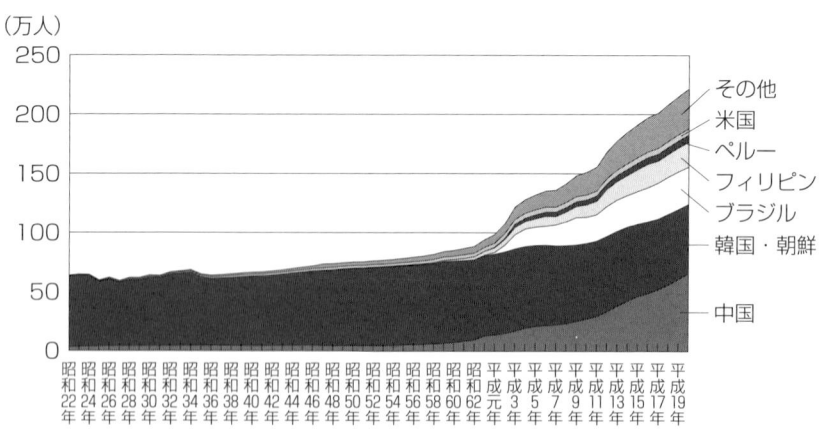

（出典：法務省資料）

1 改正経緯等

資料4　国籍・出身地別外国人登録者数の推移（表）

(人)

	中　国	韓国・朝鮮	ブラジル	フィリピン	ペルー	米　国	その他	総　数
昭和22年	32,889	598,507	83	240	66	2,249	5,334	639,368
昭和23年	36,932	601,772	167	307	137	2,936	5,794	648,045
昭和24年	38,241	597,561	170	298	168	3,217	6,097	645,752
昭和25年	40,481	544,903	169	367	178	4,962	7,636	598,696
昭和26年	43,377	560,700	237	450	179	7,449	9,601	621,993
昭和27年	42,147	535,065	237	341	94	6,922	9,149	593,955
昭和28年	43,778	556,084	373	431	76	8,847	10,301	619,890
昭和29年	43,282	556,239	372	476	63	9,064	10,467	619,963
昭和30年	43,865	577,682	361	435	53	8,566	10,520	641,482
昭和31年	43,372	575,287	314	376	27	8,551	10,123	638,050
昭和32年	44,710	601,769	316	395	31	9,131	10,684	667,036
昭和33年	44,789	611,085	274	365	31	9,773	10,666	676,983
昭和34年	45,255	619,092	263	431	33	10,673	10,862	686,609
昭和35年	45,535	581,257	240	390	40	11,594	11,510	650,566
昭和36年	46,326	567,452	222	444	46	13,154	12,751	640,395
昭和37年	47,096	569,360	231	495	61	13,943	13,857	645,043
昭和38年	47,827	573,284	263	494	70	15,226	14,410	651,574
昭和39年	49,174	578,545	306	497	71	15,626	15,570	659,789
昭和40年	49,418	583,537	366	539	88	15,915	16,126	665,989
昭和41年	49,387	585,278	388	520	93	16,217	16,435	668,318
昭和42年	49,592	591,345	498	539	108	17,090	16,972	676,144
昭和43年	50,445	598,076	646	632	124	17,286	17,866	685,075
昭和44年	50,816	607,315	748	758	117	18,198	19,552	697,504
昭和45年	51,481	614,202	891	932	134	19,045	21,773	708,458
昭和46年	52,333	622,690	1,075	863	143	19,199	22,492	718,795
昭和47年	48,089	629,809	1,255	2,250	219	21,285	32,464	735,371
昭和48年	46,642	636,346	1,279	2,424	228	21,614	29,877	738,410
昭和49年	47,677	643,096	1,395	2,758	292	21,441	28,906	745,565
昭和50年	48,728	647,156	1,418	3,035	308	21,976	29,221	751,842
昭和51年	47,174	651,348	1,319	3,083	308	21,222	29,488	753,942

第 2 章　新たな在留管理制度の導入に係る措置

年								
昭和 52 年	47,862	656,233	1,279	3,600	308	21,390	31,378	762,050
昭和 53 年	48,528	659,025	1,279	4,281	306	21,396	32,079	766,894
昭和 54 年	50,353	662,561	1,393	4,757	331	21,651	33,459	774,505
昭和 55 年	52,896	664,536	1,492	5,547	348	22,401	35,690	782,910
昭和 56 年	55,616	667,325	1,652	6,729	376	23,266	37,982	792,946
昭和 57 年	59,122	669,854	1,643	6,563	399	24,825	40,071	802,477
昭和 58 年	63,164	674,581	1,796	7,516	432	26,434	43,206	817,129
昭和 59 年	67,895	687,135	1,953	9,618	452	27,882	45,950	840,885
昭和 60 年	74,924	683,313	1,955	12,261	480	29,044	48,635	850,612
昭和 61 年	84,397	677,959	2,135	18,897	553	30,695	52,601	867,237
昭和 62 年	95,477	673,787	2,250	25,017	615	30,836	56,043	884,025
昭和 63 年	129,269	677,140	4,159	32,185	864	32,766	64,622	941,005
平成元年	137,499	681,838	14,528	38,925	4,121	34,900	72,644	984,455
平成 2 年	150,339	687,940	56,429	49,092	10,279	38,364	82,874	1,075,317
平成 3 年	171,071	693,050	119,333	61,837	26,281	42,498	104,821	1,218,891
平成 4 年	195,334	688,144	147,803	62,218	31,051	42,482	114,612	1,281,644
平成 5 年	210,138	682,276	154,650	73,057	33,169	42,639	124,819	1,320,748
平成 6 年	218,585	676,793	159,619	85,968	35,382	43,320	134,344	1,354,011
平成 7 年	222,991	666,376	176,440	74,297	36,269	43,198	142,800	1,362,371
平成 8 年	234,264	657,159	201,795	84,509	37,099	44,168	156,142	1,415,136
平成 9 年	252,164	645,373	233,254	93,265	40,394	43,690	174,567	1,482,707
平成 10 年	272,230	638,828	222,217	105,308	41,317	42,774	189,442	1,512,116
平成 11 年	294,201	636,548	224,299	115,685	42,773	42,802	199,805	1,556,113
平成 12 年	335,575	635,269	254,394	144,871	46,171	44,856	225,308	1,686,444
平成 13 年	381,225	632,405	265,962	156,667	50,052	46,244	245,907	1,778,462
平成 14 年	424,282	625,422	268,332	169,359	51,772	47,970	264,621	1,851,758
平成 15 年	462,396	613,791	274,700	185,237	53,649	47,836	277,421	1,915,030
平成 16 年	487,570	607,419	286,557	199,394	55,750	48,844	288,213	1,973,747
平成 17 年	519,561	598,687	302,080	187,261	57,728	49,390	296,848	2,011,555
平成 18 年	560,741	598,219	312,979	193,488	58,721	51,321	309,450	2,084,919
平成 19 年	606,889	593,489	316,967	202,592	59,696	51,851	321,489	2,152,973
平成 20 年	655,377	589,239	312,582	210,617	59,723	52,683	337,205	2,217,426

※注 1 参照。　　　　　　　　　　　　　　　　　　　　　　　　　（出典：法務省資料）

そのほか，昭和22年末にはほとんど外国人登録がなされていなかったブラジルとフィリピンにおいて，外国人登録者数が平成2年にそれぞれ約6万人（約5.2％），約5万人（約4.6％），同20年にそれぞれ約31万人（約14.1％），約21万人（約9.5％）と大幅に増加するなど，国籍が多様化していることが分かる（資料3「国籍・出身地別外国人登録者数の推移（グラフ）」〔8頁〕を参照。なお，詳細については，資料4「国籍・出身地別外国人登録者数の推移（表）」〔9頁〕を参照。）。

これらの外国人の数の増加及び国籍の多様化の背景には，我が国の経済の国際化の一層の進展等の様々な要因が考えられるが，政府が昭和63年に策定した「第6次雇用対策基本計画」において「専門，技術的な能力や外国人ならではの能力に着目した人材の登用は，我が国経済社会の活性化，国際化に資するものでもあるので，受入れの範囲や基準を明確化しつつ，可能な限り受け入れる方向で対処する」との方針を打ち出したことや，平成元年の入管法の改正により，外国人の受入れ範囲を明確にするための在留資格制度の整備・拡充を行ったことにより，外国人労働者や日系人等の受入れが増加したことも少なからず影響しているものと考えられる。

1) 昭和25年から同35年までについては，新規入国者数の統計がないことから，外国人入国者総数を新規入国者数としている。
2) なお，平成21年における外国人新規入国者数は，約612万人に減少している（新規入国者611万9,394人，再入国者146万1,936人，総数758万1,330人）。
3) 昭和22年末から昭和26年末までの外国人登録者数は，現在の外国人登録法（昭和27年法律第125号。昭和27年4月28日施行）ではなく，同法の施行により廃止された外国人登録令（昭和22年勅令第207号）によっている。

イ 従来の法制度とその問題点 （資料5「従来の法制度とその問題点について」〔17頁〕参照）

(i) 入管法と外登法による二元的な在留管理

従来，我が国に在留する外国人の在留管理は，入管法に基づく入国・在留関係の許可の手続と，外登法に基づき市町村が実施している外国人登録制度によって担われていた。

入管法は，外国人が我が国に上陸し在留するためには，原則として，在留資格を有しなければならないとし，外国人が行おうとする活動又は外国人が有する身分若しくは地位に応じた30種類[4]の在留資格を定めている（第2条の2第1

項，第2項）。我が国に入国，在留することを許可された外国人は，入管法の定める在留資格のいずれか1つを付与され[5]，定められた在留期間，付与された在留資格が予定する活動を行い，以後，在留資格の変更の許可（第20条），在留期間の更新の許可（第21条），資格外活動の許可（第19条）等，様々な在留上の許可の手続を経て在留を継続することになる。これら許可の申請は，原則として，外国人本人が地方入国管理局に赴いて行い，その際，地方入国管理局は，当該外国人の氏名，国籍等の身分事項，居住地，所属先など必要な情報を取得している。

　一方，我が国に在留する外国人は，外登法に基づき，入国後90日以内（出生その他の事由で上陸の手続を経ないで在留することとなった場合は，当該事由が生じた日から60日以内）に，居住地の市町村の長に対し，氏名や国籍といった身分事項，居住地，勤務先等の登録を申請しなければならない（新規登録，第3条）。市町村の長は，これら登録事項を記載した外国人登録原票（以下「登録原票」という）を作成し，市町村の事務所に備えるほか（第4条第1項），外国人登録証明書を作成し，登録申請をした外国人に交付する（第5条）。外国人は，登録事項に変更があった場合には変更登録を申請しなければならず，市町村の長は，当該外国人の登録原票に変更の登録をするとともに，外国人登録証明書に変更に係る記載を行う（第8条～第9条の3）。外国人が，別の市町村へ転居し，新居住地の市町村において居住地の変更登録を申請した場合には，旧居住地の市町村の長から新居住地の市町村の長へ当該外国人の登録原票が送付される（第8条第5項）。また，外国人は，原則として，新規登録を受けた日等の後の5回目（永住者及び特別永住者は7回目）の誕生日から30日以内に，居住地の市町村の長に対し，登録原票の記載が事実に合っているかどうかの確認を申請しなければならず，市町村の長は，当該確認に基づく新たな外国人登録証明書を外国人に交付する（第11条）。このような各種登録によって市町村の長が取得した情報については，登録原票の写票の作成・送付や変更登録の報告等の手続により，法務大臣に伝えられる（第4条第2項，第16条など）。

　このように，従来の在留管理制度は，法務大臣が，入管法により，外国人の入国時や在留資格の変更，在留期間の更新時等に外国人から必要な情報を取得して審査を行ういわゆる「点」の情報把握が中心であり，「点」と「点」の間

の在留期間の途中における事情の変更は,外国人登録制度を通じて,事後的・間接的に把握しているにすぎなかった。

なお,従来の制度では,外国人には,住民基本台帳法の適用がなかったため,市町村は,事実上,外国人登録を行った外国人を住民として把握し,その情報を各種行政サービス提供の基礎としていた。

> 4) 従来,在留資格は27種類であったが,今回の法改正により,4種類の「技能実習」の在留資格が新設され,また,「留学」と「就学」の在留資格が「留学」の在留資格に一本化された。
> 5) 「技能実習」の在留資格(別表第1の2の表の技能実習の項の下欄第2号イ又はロに係るものに限る)は,上陸時に付与されることはなく,「技能実習」の在留資格(別表第1の2の表の技能実習の項の下欄第1号イ又はロに係るものに限る)からの在留資格の変更によらなければならない。

(ii) 問題の発生

我が国の国際化の進展に伴い,いわゆるニューカマーと呼ばれる外国人が年々増加し,その国籍も多様化していることは既に述べたが(前記ア〔5頁〕参照),ニューカマーの中には,日本国内に安定した生活基盤がないため,より条件の良い働き口や生活環境を求め,頻繁に転職,転居を繰り返す者も出てきた。そして,このような者の中には,外国人登録に際して正確な申請を行わなかったり,申請自体を行わなかったり,あるいは再入国許可を受けて本国に帰国したまま長期間経過し,我が国に再び入国するか否かが不明な者等も少なからず現れるようになってきた。

こうした外国人の構成の変化やそれに伴う外国人の行動様式の変化によって,従来の入管法と外登法の二元的な在留管理制度では,これらの者の在留状況,特に居住実態を正確に把握することが困難になり[6],様々な問題が生じるようになってきた。

まず,市町村においては,居住実態がなく,住民ではなくなっているにもかかわらず,外国人登録上は居住している記録のままになっている外国人について,国民健康保険証の未回収による医療機関からの過誤請求・未収金の発生,児童手当の過払い,市民税の未収といった問題が生じ,近年の厳しい財政事情の下,こうした事案の処理が更なる負担となっている。これらの問題は,特に,南米日系人を中心とする外国人が多数居住する都市において顕在化しており,

平成13年5月には，これらの問題を共有する都市が集まり，国・県及び関係機関へ提言等を行っていくため，外国人集住都市会議を設立した。外国人集住都市会議は，毎年会議を開き，国等への提言を行ってきたが，その中で，現行の外国人登録の内容と居住実態のかい離が大きくなっている問題も取り上げられ，外国人登録制度を抜本的に見直し，外国人住民に関する記録を迅速かつ正確に把握できる制度を構築することなどが求められた[7]。

また，外国人の居住実態が正確に把握できないことで，外国人自身にも問題が生じるようになったが，その例が，ニューカマーの子どもを中心とする不就学問題である。すなわち，在留外国人の定住化が進むにつれ，外国人の子どもも増加しているが，その居住実態が正確に把握されないと，外国人の親に，学齢期の子どもの就学の機会を周知することも困難になり，ひいては子どもの不就学を招くことが指摘された[8]。

一方，我が国には，依然として，不法残留者及び船舶密航等による不法入国者（これらを合わせて「不法滞在者」という）が多数存在しているところ，これらの者も，外国人登録の申請を行えば外国人登録証明書が交付されるため，一般の人々が外国人登録証明書を見て正規滞在者と誤解したり，外国人登録証明書が預貯金口座の開設や携帯電話の契約等の際に使用されるなどして，これらの者が在留を継続することを容易にしているとの指摘もあった[9]。

6) 外国人登録の内容と居住実態のかい離の例としては，ブラジル人が多数住む浜松市では，数年に一度，南米系外国人を対象に生活や就労の実態調査を実施しているところ，平成19年に行われた調査で，浜松市に居住していながら，外国人登録をしている地が浜松市でないと回答した者が約2割存在している。また，平成21年7月2日の参議院法務委員会における入管法等の審議の際の武井雅昭東京都港区長の参考人意見によれば，昨今の定額給付金の給付に当たり，港区において，申請書を各世帯に送付したところ，外国人登録に基づいて送付した外国人世帯の10.4％について，申請書が未着で返送されてきたとのことである（住民基本台帳に基づいて送付した日本人世帯の返送率は1.9％）。

7) 例えば，平成19年10月4日外国人集住都市会議「外国人住民の台帳制度の創設に関する要望書」。なお，外国人集住都市会議の沿革，活動内容等については，同会議のホームページ（http://homepage2.nifty.com/shujutoshi/）から閲覧できる。

8) 平成19年11月には，東京都，埼玉県，千葉県，神奈川県の各教育委員会教育長の連名で，文部科学大臣あてに，「外国人の子供に対する教育の充実に関する要望事項」が提出され，その中で，外国人の子どもの不就学を防止するため，その実態把握が不可欠として，在留管理制度の見直しが要望された。なお，文部科学省においては，このような背景等も踏まえ，外国人児童の就学状況に関するサンプル調査を実施したほか，平

成19年7月，有識者などによる「初等中等教育における外国人児童生徒教育の充実のための検討会」を設け，平成20年6月，報告書「外国人児童生徒教育の充実方策について」を公表しているところ，同報告書においても，「在留管理制度の整備等により，就学案内の充実や，就学実態の正確な把握が可能となるよう要望する。」旨の提言がなされた。

9) 平成19年7月に，犯罪対策閣僚会議に報告された「外国人の在留管理に関するワーキングチームの検討結果」(後掲注11参照)において，同旨の指摘がある。

(ⅲ) 従来の法制度の問題点

このような問題を発生させている原因として，従来の法制度には以下のような問題点があることが指摘された。すなわち，

① 外国人には，在留期間の途中において，転職，退職，転校，退学など在留資格に影響するような事情の変更があっても，それを法務大臣に届け出る義務がないこと

② 法務大臣には，外国人登録制度を通じて把握した情報について，直接調査を行う権限がないこと

③ 外国人登録制度では，外国人に登録申請の義務を課すことにより，最新の情報を記録に反映させるようにしているが，申請義務違反に対して，在留資格の取消し等の入管法上の処分が結びついていないため，申請に対するインセンティブが十分に働いていないこと

④ 外国人登録制度では，仮に市町村の長が，登録された事項が事実と異なっていることを知っても，外国人からの申請等を待たずに職権でこれを修正することができないこと

⑤ 外国人登録制度は，不法滞在者も対象としていること

といった点である。

さらに，市町村においては，外国人については，事実上，外国人登録制度を基に，日本人については，住民基本台帳制度を基に，それぞれ各種行政サービスの提供を行っているが，両制度はその趣旨及び目的を異にするため，市町村の事務に様々な支障をきたしている[10]との指摘もあった。

10) 「在留外国人の公正な管理に資すること」(外登法第1条)を目的とした外国人登録制度には，転出届や市町村の長による職権消除の制度がなく，例えば，再入国許可により長期出国中の者や出国はしていないが所在不明の者については，登録原票を閉鎖することはできず，外国人登録上では居住している旨の記録が残るため，市町村において，その者についての課税，国民健康保険料の徴収，就学案内等の事務が発生し，負担にな

第2章　新たな在留管理制度の導入に係る措置

っている。また，日本人と外国人がそれぞれ異なる制度の対象となっているため，日本人と外国人が含まれる世帯を1つの世帯として的確に把握することも困難で，児童手当の支給等において支障を生じている。

資料5　従来の法制度とその問題点について

1. 従来の法制度

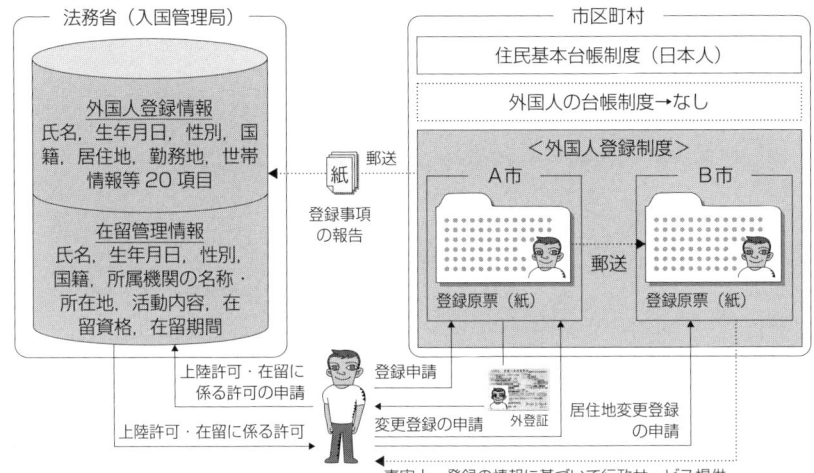

2. 問題の発生等

【我が国の国際化の進展】
○新規入国者数の増加（平成2年：293万人→平成19年：772万人）
○外国人の構成の変化（下のグラフ）
○不法残留者の存在（平成19年：15万人）

【現行制度上の問題点】
○外国人登録の情報につき，法務省に調査権がない。
○法務省は，上陸・在留に係る許可の申請時に外国人から情報を取得するのみ（在留期間の途中において情報に変更があっても，外国人が法務省に届け出る義務はない）。
○外国人登録法上の申請義務違反が，入管法上の処分と結びついていない。
○不法滞在者にも外登証が交付され，在留継続を容易にしている。

その結果

外国人の在留状況（特に居住実態）が正確に把握されていない
→就学，国民健康保険，児童手当等，市区町村の個別事務に支障
→外国人の子どもの不就学等の問題への対策困難
→不法滞在者，不法就労者への対策不十分
（国民の外国人への不安感が生じ，適法に在留する外国人との共存に悪影響）

国籍別外国人登録者数

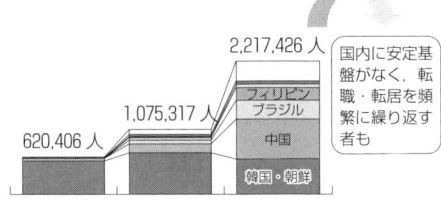

昭和26年　620,406人
平成2年　1,075,317人
平成20年　2,217,426人（フィリピン／ブラジル／中国／韓国・朝鮮）

国内に安定基盤がなく，転職・転居を頻繁に繰り返す者も

（出典：法務省資料）

(2) 出入国管理政策懇談会における議論
ア 在留管理専門部会の設置

既に述べたように，従来の制度では様々な問題が生じてきており，市町村を始めとする各方面から，制度を抜本的に見直し，時代に即した新しい制度へと改めるよう強く求められるようになった。

そのような中，外国人の在留管理の在り方については，政府や規制改革・民間開放推進会議（規制改革会議の前身組織）においても議論されていた[11)][12)]が，法務省においても，各方面の有識者から新たな在留管理制度の在り方について意見を聴取し，今後の法務行政に活かすため，平成19年2月1日，法務大臣の私的懇談会である「出入国管理政策懇談会」（以下「政策懇談会」という）に検討を依頼し，同日，政策懇談会の下に，同懇談会の委員を部会長とする「在留管理専門部会」（以下「専門部会」という）が設置された[13)]。

11) 平成17年6月の自由民主党政務調査会の提言「新たな入国管理施策への提言──不法滞在者の半減をめざして」を踏まえ，政府は，同年7月，犯罪対策閣僚会議の下に「外国人の在留管理に関するワーキングチーム」を設置した。同ワーキングチームにおいては，法務省を含む関係省庁が，外国人の在留情報の把握や在留管理の在り方につき検討を行い，同19年7月，犯罪対策閣僚会議に「外国人の在留管理に関するワーキングチームの検討結果」が報告され，外国人の在留管理の在り方につき，法務大臣による在留情報の一元的把握，所属機関の協力，行政機関の情報の相互照会・提供，正確な在留情報に基づく的確な在留管理といった方向性が示された。

12) 平成18年12月，規制改革・民間開放推進会議の第3次答申において，在留外国人の入国後のチェック体制の強化等につき，遅くとも同21年通常国会までに関係法案を提出することが求められた。同答申を踏まえ，同19年6月，「規制改革推進のための3か年計画」が閣議決定され，在留外国人の入国後のチェック体制の強化として，外国人に係る情報の相互照会・提供，外国人登録制度の見直し，使用者等受入れ機関等に対する責任の明確化等が盛り込まれた。

13) 専門部会のメンバーは以下のとおり（肩書きは設置当時）。
多賀谷一照　千葉大学法経学部教授（部会長）
花森憲一　静岡県企画部長（後に，稲津成孝　静岡県県民部長と交代）
薄井一成　一橋大学大学院・法学部准教授
武井雅昭　東京都港区長
西村　弓　上智大学法学部助教授
藤原静雄　筑波大学法科大学院教授
安冨　潔　慶應義塾大学大学院・法学部教授
山脇啓造　明治大学商学部教授

イ 専門部会及び政策懇談会における議論

　専門部会は，設置後，月に1，2回の頻度で会合を開き，各メンバーが意見を交換し，議論を行ったほか，東京入国管理局の在留審査部署及び外国人登録証明書調製部署等並びに東京都港区役所の外国人登録担当窓口を視察して，入国管理行政及び外国人登録事務の実情を調査し，また，外国人の在留管理の検討に当たって関係のある団体や関係者から広く意見聴取を行った[14]。その結果，現行の在留管理制度の問題点や今後検討すべき課題等が明らかになってきたため，これらを取りまとめて中間報告書を作成し，平成19年8月1日に開催された政策懇談会との合同会合において報告を行った。その後，専門部会は，中間報告書に対する政策懇談会メンバーからの指摘を踏まえて更に議論を行い，専門部会による最終報告書として，「新たな在留管理制度に関する提言（案）」を取りまとめ，同20年1月31日に開催された政策懇談会との合同会合において報告を行った。

　政策懇談会は，専門部会が作成した最終報告書に必要な修正を施した上で了承し，政策懇談会による報告書「新たな在留管理制度に関する提言」として，同年3月，法務大臣に提出した。

　14）　専門部会において意見聴取を行った団体・関係者は，①市町村のうち，特に外国人が多く居住し，様々な問題に直面している外国人集住都市から，静岡県浜松市及び岐阜県美濃加茂市，②外国人の教育や外国人留学生の支援に関わる団体として，群馬県大泉町の外国人学校，日本学生支援機構，全国専修学校各種学校総連合会及び日本語教育振興協会，③外国人を雇用する企業の立場から，日本経済団体連合会，日本自動車部品工業会及び全国中小企業団体中央会，④労働者の立場から，日本労働組合総連合会及び全日本金属産業労働組合協議会，⑤法曹の立場から，日本弁護士連合会，⑥日本に在留している外国人を支援する団体の立場から，タイ人ボランティアグループ及び全日本中国留学生学友会，⑦外国企業の立場から，在日米国商工会議所の合計15団体・関係者である。

ウ　新たな在留管理制度に関する提言

　政策懇談会による報告書「新たな在留管理制度に関する提言」の概要は以下のとおりである（資料6「新たな在留管理制度に関する提言（イメージ）〔21頁〕」参照）。

(i)　在留管理制度見直しのねらい

　外国人の在留状況を十分に把握するためには，外国人の在留に関する情報体制の再構築が必要である。そこで，外国人登録制度を抜本的に見直し，法務大

臣が外国人の在留管理に必要な情報を一元的，正確かつ継続的に把握する制度を構築し，的確な在留管理を行う。一方で，市町村において整備される適法な在留外国人の台帳制度により，地域における外国人住民に対する各種行政サービスの向上を図る。そして，これらの制度を通じて，外国人を支援する各種施策が講じられるなど，外国人が生活しやすい温かい環境が醸成されていくことで，共生社会の実現を目指す。

(ⅱ) 新たな在留管理制度（特別永住者等を除く）

法務大臣が外国人の在留状況をより正確に把握するため，①上陸許可等各種許可に伴う在留カード（仮称）の交付，②外国人から法務大臣への在留期間の途中における変更事項の届出（居住地は市町村を経由した届出），③外国人の留・就学先，研修先等から法務大臣への情報提供，④関係行政機関における情報の相互照会・提供といった制度を構築する。

(ⅲ) 適法な在留外国人の台帳制度の整備

市町村において，住民基本台帳制度を参考とした適法な在留外国人の台帳制度を整備する。特別永住者もその対象とされるべきである。法務大臣は，新たな在留管理制度で自らが保有する情報のうち必要な情報を，市町村に提供し，正確な台帳作成に協力する。

(ⅳ) 適法に在留する外国人の利便性の向上

出入国管理行政上，①在留期間の上限の伸長，②再入国許可制度の見直し，③取次申請手続の簡素化といった施策を検討する。そのほか，①適法な在留外国人の台帳制度の整備による教育，医療，福祉等各種行政サービスの円滑な提供，②日本語教育の充実，就学促進等の外国人の子供の教育の充実といった生活者としての外国人を支援する各種施策の推進などが期待される。

資料6 新たな在留管理制度に関する提言（イメージ）

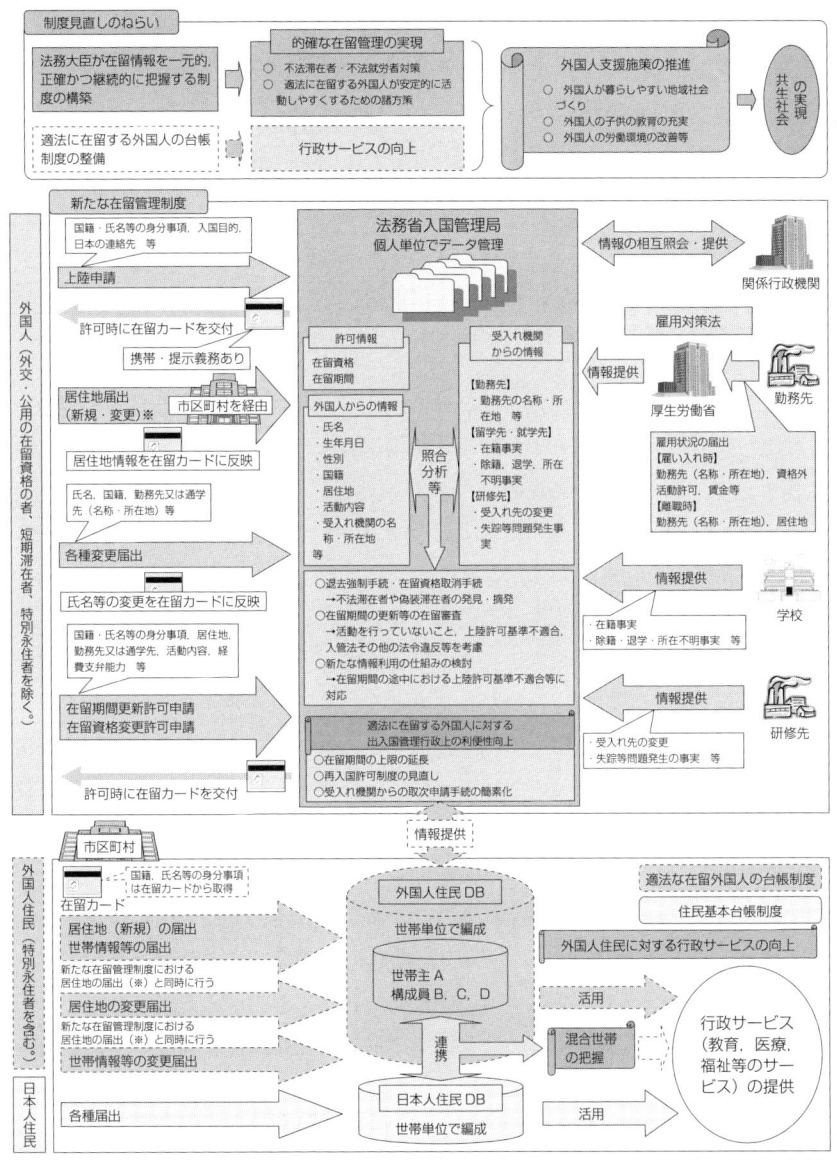

（出典：法務省資料）

第2章 新たな在留管理制度の導入に係る措置

(3) 国会における審議状況等

ア 法務省では，出入国管理政策懇談会における議論等を踏まえて立法作業を進め，所要の手続を経た上，「出入国管理及び難民認定法及び日本国との平和条約に基づき日本の国籍を離脱した者等の出入国管理に関する特例法の一部を改正する等の法律」案を策定し，同法律案は，平成21年3月6日の閣議決定を経て，第171回国会に提出された。

イ 同法律案の概要等については，国会審議における提案理由説明のとおりであるので，これを次に掲げる。

出入国管理及び難民認定法及び日本国との平和条約に基づき日本の国籍を離脱した者等の出入国管理に関する特例法の一部を改正する等の法律案提案理由説明

　出入国管理及び難民認定法及び日本国との平和条約に基づき日本の国籍を離脱した者等の出入国管理に関する特例法の一部を改正する等の法律案につきまして，その趣旨を御説明いたします。

　近年，我が国の国際化が進展し，平成19年の新規入国者数は平成2年と比べ2.5倍以上，外国人登録者数は約2倍となっており，在留外国人の国籍も多様化してきております。このような中で，転職・転居を頻繁に繰り返す方も少なからず見受けられる等在留外国人の方々の在留状況の正確な把握が困難になってきており，適正な在留管理を行う上で支障が生じております。また，とりわけ居住実態を正確に把握することができないため，国民健康保険，児童手当等の市町村の個別事務に支障を来たし，在留外国人に対する行政サービスの提供や義務の履行の確保に困難を生じさせている等の問題も生じており，これらの問題への対処が喫緊の課題となっております。

　この法律案は，以上に述べた情勢にかんがみ，現行の出入国管理及び難民認定法と外国人登録法の2つの制度による情報把握・管理の制度を改め，適法な在留資格をもって我が国に中長期に在留する外国人を対象として，法務大臣が公正な在留管理に必要な情報を継続的に把握する制度の構築を図るため，所要の改正等を行うほか，外国人研修生等の保護の強化を図る等の措置を講ずるものであります。

　この法律案の要点を申し上げます。

1 改正経緯等

　第1は，新たな在留管理制度の導入に係る措置であります。これは，外国人の公正な在留管理を行うため，法務大臣が必要な情報を継続的に把握する制度を構築し，併せて外国人登録制度を廃止するとともに，在留期間の上限の伸長その他の適法に在留する外国人の利便性を向上させるための措置を講ずるものです。

　その概要を御説明いたしますと，まず，法務大臣は，在留資格をもって我が国に中・長期間在留する外国人に対し，基本的身分事項，在留資格・在留期間等を記載した在留カードを交付いたします。在留カードの交付を受けた外国人は，上陸後に定めた住居地を一定期間内に市町村の長を経由して法務大臣に届け出なければならず，また，在留カードの記載事項のほか，その在留資格に応じて所属機関や身分関係に変更があった場合には法務大臣に届け出なければならないこととしております。さらに，これらの情報の正確性を確保するため，法務大臣が外国人の所属機関から情報の提供を受けられるようにしたり，届出事項について事実の調査をすることができるようにしたほか，在留資格の取消制度，罰則・退去強制事由等を整備することとしております。

　その一方で，適法に在留する外国人については，在留期間の上限を5年に引き上げるとともに，有効な旅券及び在留カードを所持する外国人については，1年以内の再入国を原則として許可を受けることなく可能とするなど，その利便性を向上させるための措置をとっております。

　また，新たな在留管理の対象とはならない特別永住者の方については，外国人登録証明書に替えて，特別永住者という法的地位の証明書として特別永住者証明書を交付するなど，基本的には，現行制度を実質的に維持しつつも，原則として許可を受けることなく2年以内の再入国を可能とするなどの利便性を向上させる措置をとっております。

　第2は，外国人研修制度の見直しに係る措置であります。これは，研修生・技能実習生を実質的に低賃金労働者として扱うなどの不適正な問題が増加している現状に対処し，研修生・技能実習生の保護の強化を図るため，所要の措置を行うものです。

　具体的には，現行の在留資格「研修」の活動のうち実務研修を伴うものに

について，労働関係法令の適用の対象とするため，及び，この活動に従事し，一定の技能等を修得した者がその修得した技能等を要する業務に従事するための活動を在留資格「技能実習」として整備するものです。

第3は，在留資格「留学」と「就学」の一本化についてであります。これは，留学生の安定的な在留のため，在留資格「留学」と「就学」の区分をなくし，「留学」の在留資格に一本化することにより，留学生等の負担軽減等を図るものであります。

そのほか，入国者収容所等の適正な運営に資するため，入国者収容所等視察委員会を設置すること，不法就労助長行為等に的確に対処するため，不法就労助長行為に係る退去強制事由等の整備を行うこと等を内容とするものであります。

以上が，この法律案の趣旨であります。

何とぞ慎重に御審議の上，速やかに御可決くださいますようお願いいたします。

ウ 本法律案は衆議院先議とされ，衆議院では4月23日に法務委員会に付託され，同月24日に提案理由説明，同日，5月8日，12日及び6月19日の4日間にわたり審査された後採決され，6月19日の衆議院本会議に緊急上程されて可決された上，参議院へ送付された。参議院では6月24日に法務委員会に付託され，同月25日に趣旨説明，同月30日，7月2日及び7日の3日間にわたり審査された後採決され，同月8日の参議院本会議において可決されて，本法律が成立した[15)][16)]。

なお，衆議院法務委員会において法案の一部修正がなされている[17)]。また，衆議院法務委員会及び参議院法務委員会において附帯決議がなされている[18)][19)]。

15) 同国会における主要な論点については必要に応じて後述する。
16) 衆議院法務委員会及び参議院法務委員会における審議日程及び審議状況の概要は以下のとおりである。
　○衆議院法務委員会
　　4月24日　提案理由説明，質疑
　　5月 8日　質疑，参考人意見陳述（清水聖義〔群馬県太田市長〕，市川正司〔日弁連人権擁護委員〕，徐元喆〔民団団体渉外事務局長〕，鳥井一平〔移住連事務局長〕），参考人に対する質疑

5月12日　質疑
6月19日　修正案趣旨説明，原案・修正案一括質疑，討論，採決（可決），附帯決議案提出・可決
○参議院法務委員会
6月25日　趣旨説明
6月30日　質疑
7月 2日　参考人意見陳述（多賀谷 一照〔千葉大学教授〕，田中宏〔一橋大学名誉教授〕，武井雅昭〔東京都港区長〕，鈴木健〔移住連事務局次長〕），参考人に対する質疑
7月 7日　質疑，討論，採決（可決），附帯決議案提出・可決

17）修正の概要は以下のとおりである。
①特別永住者証明書の常時携帯義務等に関する修正
　i）特別永住者証明書の携帯義務及びその違反に対する罰則（過料）を削除する。
　ii）特別永住者について旅券の携帯義務及びその違反に対する罰則（過料）を削除する。
②在留カード（特別永住者証明書を含む。）の番号に関する修正
　i）在留カードの番号は，交付ごとに，従前のものと異なる番号を定めるものとする。
　ii）外国人が希望する場合には，手数料を負担の上，新たな番号の在留カードの交付を求めることができるものとする。
③所属機関の届出義務に関する修正
　所属機関による外国人の受入状況等の届出義務を，努力義務とする。
④情報の継続的把握に関する修正
　法務大臣が取得・保管する情報は，在留管理の目的に照らし必要最小限度に限定するとともに，当該情報の取扱いに当たり個人の権利利益の保護に留意する旨の規定を設ける。
⑤在留資格の取消しに関する修正
　i）「配偶者の身分を有する者としての活動を継続して3月以上行わない」ことという取消し事由について，①当該活動を行わないことに正当な理由がある場合を除外すること，②「3月」を「6月」に修正すること，③当該事由により取消しをしようとする場合には，在留資格の変更の申請又は永住許可の申請の機会を与えるよう配慮しなければならない旨の規定を設ける。
　ii）上陸許可後の新規の住居地の届出を90日以内にしないことという取消し事由について，当該届出をしないことに正当な理由がある場合を除外する。
⑥団体監理型技能実習における責任の明確化に関する修正
　技能実習に係る活動の要件について，団体の「監理」に加え，「責任」の文言を明記する。
⑦附則の規定の追加
　以下の規定を附則に設ける。
　i）法務大臣は，現に本邦に在留する外国人であって入管法又は特例法の規定により本邦に在留することができる者以外のもののうち入管法第54条第2項の規定により仮放免をされ当該仮放免の日から一定期間を経過したものについて，この法律の円滑な施行を図るとともに，施行日以後においてもなおその者が行政上の便

第2章　新たな在留管理制度の導入に係る措置

益を受けられることとなるようにするとの観点から，施行日までに，その居住地，身分関係等を市町村に迅速に通知すること等について検討を加え，その結果に基づいて必要な措置を講ずるものとする。

＊この規定に関連して，住民基本台帳法の一部を改正する法律においても，国会審議における議員修正により，以下の附則が加わった。

○政府は，現に本邦に在留する外国人であって出入国管理及び難民認定法第54条第2項の規定により仮放免をされ当該仮放免の日から一定期間を経過したものその他の現に本邦に在留する外国人であって同法又は日本国との平和条約に基づき日本の国籍を離脱した者等の出入国管理に関する特例法の規定により本邦に在留することができる者以外のものについて，入管法等改正法附則第60条第1項の趣旨を踏まえ，第1号施行日以後においてもなおその者が行政上の便益を受けられることとなるようにするとの観点から，必要に応じて，その者に係る記録の適正な管理の在り方について検討を加え，その結果に基づいて必要な措置を講ずるものとする。

ⅱ）法務大臣は，この法律の円滑な施行を図るため，現に本邦に在留する外国人であって入管法又は特例法の規定により本邦に在留することができる者以外の者について，入管法第50条第1項の許可の運用の透明性を更に向上させる等その出頭を促進するための措置その他の不法滞在者の縮減に向けた措置を講ずることを検討するものとする。

ⅲ）法務大臣は，永住者の在留資格をもって在留する外国人のうち特に我が国への定着性の高い者について，歴史的背景を踏まえつつ，その者の本邦における生活の安定に資するとの観点から，その在留管理の在り方を検討するものとする。

ⅳ）政府は，この法律の施行後3年を目途として，新入管法及び新特例法の施行の状況を勘案し，必要があると認めるときは，これらの法律の規定について検討を加え，その結果に基づいて必要な措置を講ずるものとする。

18）衆議院法務委員会における附帯決議の内容は以下のとおりである。

政府は，本法の施行に当たり，次の事項について格段の配慮をすべきである。

1　永住者のうち特に我が国への定着性の高い者についての在留管理の在り方の検討に当たっては，その歴史的背景をも踏まえ，在留カードの常時携帯義務及びその義務違反に対する刑事罰の在り方，在留カードの更新等の手続，再入国許可制度等を含め，在留管理全般について広範な検討を行うこと。

2　在留カード及び特別永住者証明書の番号については，これらの番号をマスターキーとして名寄せがなされることにより，外国人のプライバシーが不当に侵害されるという疑念が生じないよう，外国人の個人情報の保護について万全の配慮を行うこと。

3　所属機関の届出に係る努力義務については，的確な在留管理の実現に留意しつつ，その履行が所属機関の過重な負担となることのないよう，また，届出の内容が出入国管理及び難民認定法の目的の範囲から逸脱することがなく必要最小限のものとなるよう，その運用には慎重を期すること。

4　法務大臣が一元的かつ継続的に把握することとなる在留外国人に係る情報が，いやしくも出入国の公正な管理を図るという出入国管理及び難民認定法の目的以外の目的のために不当に利用又は提供されることがないよう，当該情報の取扱いに当たっては個人の権利利益の保護に十分に配慮すること。

5　配偶者の身分を有する者としての活動を継続して6月以上行わないで在留していることにより在留資格を取り消すことができる制度については，その弾力的な運用を

行うとともに，配偶者からの暴力等により当該活動を行わないことに正当な理由がある場合には，在留資格の取消しの対象とならない旨の周知徹底を図ること。
6 　新たに中長期在留者となった者が，上陸許可の証印等を受けた日から90日以内に住居地の届出をしないこと及び中長期在留者が，届け出た住居地から退去した場合において，当該退去の日から90日以内に新住居地の届出をしないことにより在留資格を取り消すことができる制度については，その弾力的な運用を行うとともに，正当な理由がある場合には，在留資格の取消しの対象とならない旨の周知徹底を図ること。
7 　本法の施行による不法滞在者の潜行を防止する必要性があることにかんがみ，在留特別許可の許否の判断における透明性を更に向上させるため，公表事案の大幅な追加，ガイドラインの内容の見直し等を行い，不法滞在者が自ら不法滞在の事実を申告して入国管理官署に出頭しやすくなる環境を整備すること。
8 　外国人研修生・技能実習生の受入れについては，本法律案が提出された趣旨にかんがみ，専ら低賃金労働力としての活用が横行することや，外国人研修生・技能実習生が劣悪な居住環境・就労環境に置かれることのないよう，入国管理官署，労働基準監督機関等の連携の下，人的体制を充実・強化し，法令違反，不正行為等について厳格な取締りを行うこと。
9 　外国の送出し機関が外国人研修生・技能実習生から徴収する保証金等については，外国人研修生・技能実習生を不当に拘束する面があることにかんがみ，その徴収を行う外国の送出し機関からの外国人研修生・技能実習生の受入れを認めないことを含め，必要な措置を講ずること。
10 　本法による外国人研修・技能実習制度の見直しに係る措置は，外国人研修生・技能実習生の保護の強化等のために早急に対処すべき事項についての必要な措置にとどまるものであることにかんがみ，同制度の在り方の抜本的な見直しについて，できるだけ速やかに結論を得るよう，外国人研修生・技能実習生の保護，我が国の産業構造等の観点から，総合的な検討を行うこと。
11 　入国者収容所等視察委員会については，専門性にも配慮しつつ幅広く各界各層から委員を選任するとともに，委員会が十全な活動を行えるよう，その活動に係る人的・物的体制を整備し，委員会に対する情報の提供を最大限行う等の特段の配慮を行うこと。
12 　本法により，退去強制を受ける者を送還する場合の送還先に，拷問及び他の残虐な，非人道的な又は品位を傷つける取扱い又は刑罰に関する条約第3条第1項等に規定する国を含まないことが明確に規定されることとなったことを踏まえ，退去強制を受ける者をその者の国籍等の属する国等に送還することの可否について，退去強制手続及び難民認定手続において，多方面から慎重な調査を行うこと。
19) 　参議院法務委員会における附帯決議の内容は以下のとおりである。
　　政府は，本法の施行に当たり，次の事項について格段の配慮をすべきである。
1 　永住者のうち特に我が国への定着性の高い者についての在留管理の在り方の検討に当たっては，その歴史的背景をも踏まえ，在留カードの常時携帯義務及びその義務違反に対する刑事罰の在り方，在留カードの更新等の手続，再入国許可制度等を含め，在留管理全般について広範な検討を行うこと。
2 　みなし再入国許可制度については，特別永住者の歴史的経緯及び我が国における定着性を考慮し，今後も引き続き検討すること。
3 　在留カード又は特別永住者証明書の有無にかかわらず，すべての外国人が予防接種

や就学の案内等の行政上の便益を引き続き享受できるよう，体制の整備に万全を期すこと．
4　在留カード及び特別永住者証明書の番号については，これらの番号をマスターキーとして名寄せがなされることにより，外国人のプライバシーが不当に侵害されるという疑念が生じないよう，外国人の個人情報の保護について万全の配慮を行うこと．
5　所属機関の届出に係る努力義務については，的確な在留管理の実現に留意しつつ，その履行が所属機関の過重な負担となることのないよう，また，届出の内容が出入国管理及び難民認定法の目的の範囲から逸脱することがなく必要最小限のものとなるよう，その運用には慎重を期すること．
6　法務大臣が一元的かつ継続的に把握することとなる在留外国人に係る情報が，いやしくも出入国の公正な管理を図るという出入国管理及び難民認定法の目的以外の目的のために不当に利用又は提供されることがないよう，当該情報の取扱いに当たっては個人の権利利益の保護に十分に配慮すること．
7　配偶者の身分を有する者としての活動を継続して6月以上行わないで在留していることにより在留資格を取り消すことができる制度については，その弾力的な運用を行うとともに，配偶者からの暴力等により当該活動を行わないことに正当な理由がある場合には，在留資格の取消しの対象とならない旨の周知徹底を図ること．
8　新たに中長期在留者となった者が，上陸許可の証印等を受けた日から90日以内に住居地の届出をしないこと及び中長期在留者が，届け出た住居地から退去した場合において，当該退去の日から90日以内に新住居地の届出をしないことにより在留資格を取り消すことができる制度については，その弾力的な運用を行うとともに，正当な理由がある場合には，在留資格の取消しの対象とならない旨の周知徹底を図ること．
9　本法の施行による不法滞在者の潜行を防止する必要性があることにかんがみ，在留特別許可の許否の判断における透明性を更に向上させるための公表事案の大幅な追加，ガイドラインの内容の見直し等を行い，不法滞在者の実情に配慮して，不法滞在者が自ら不法滞在の事実を申告して入国管理官署に出頭しやすくなる環境を整備すること．
10　本法により，退去強制を受ける者を送還する場合の送還先に，拷問及び他の残虐な，非人道的な又は品位を傷つける取扱い又は刑罰に関する条約第3条第1項等に規定する国を含まないことが明確に規定されることとなったことを踏まえ，退去強制を受ける者をその者の国籍等の属する国等に送還することの可否について，退去強制手続及び難民認定手続において，多方面から慎重な調査を行うこと．
11　外国人研修生・技能実習生の受入れについては，本法律案が提出された趣旨にかんがみ，専ら低賃金労働力としての扱いが横行することや，外国人研修生・技能実習生が劣悪な居住環境・就労環境に置かれることのないよう，入国管理官署，労働基準監督機関等の連携の下，人的体制を充実・強化し，法令違反，不正行為等について厳格な取締りを行うこと．
12　外国の送出し機関が外国人研修生・技能実習生から徴収する保証金等については，外国人研修生・技能実習生を不当に拘束する面があることにかんがみ，その徴収を行う外国の送出し機関からの外国人研修生・技能実習生の受入れを認めないことを含め，必要な措置を講ずること．
13　本法による外国人研修・技能実習制度の見直しに係る措置は，外国人研修生・技能実習生の保護の強化等のために早急に対処すべき事項についての必要な措置にとどまるものであることにかんがみ，同制度の在り方の抜本的な見直しについて，できる

だけ速やかに結論を得るよう，外国人研修生・技能実習生の保護，我が国の産業構造等の観点から，総合的な検討を行うこと。
14　入国者収容所等視察委員会については，専門性にも配慮しつつ幅広く各界各層から委員を選任するとともに，委員会が十全な活動を行えるよう，その活動に係る人的・物的体制を整備し，委員会に対する情報の提供を最大限行う等の特段の配慮を行うこと。
15　新たな在留管理制度の構築や在留外国人に係る住民基本台帳制度の整備がなされることを踏まえ，我が国において真に多文化共生社会の実現がなされるよう，労働，教育，福祉等様々な分野における諸施策の一層の拡充を図るとともに，外国人が生活しやすい環境の整備に努めること。

2　対象者

改正法は，新たな在留管理制度について，入管法第4章（在留及び出国）第1節（在留）に第2款として「中長期の在留」の款を新設している。ここでは，まず，同制度の対象者（中長期在留者）について解説する。

> （中長期在留者）
> 第19条の3　法務大臣は，本邦に在留資格をもつて在留する外国人のうち，次に掲げる者以外の者（以下「中長期在留者」という。）に対し，在留カードを交付するものとする。
> 1　3月以下の在留期間が決定された者
> 2　短期滞在の在留資格が決定された者
> 3　外交又は公用の在留資格が決定された者
> 4　前3号に準ずる者として法務省令で定めるもの

(1)　中長期在留者

法務大臣が継続的に情報を把握する制度の対象となる外国人は，入管法上の在留資格をもって我が国に中長期間在留する外国人（中長期在留者）である。

具体的には，入管法上の在留資格をもって在留する外国人のうち，①3月以下の在留期間が決定された者[20]，②短期滞在の在留資格が決定された者，③外交又は公用の在留資格が決定された者及び④これらの外国人に準じたものとして法務省令で定める者を除いたものをいう。また，特別永住者は本制度の対象

とせず，特別永住者に係る措置が別途講じられている。その他，在留資格を有しない者も対象外となる。

> 20) 3月以下の在留期間で入国した者が在留期間の更新を許可されたことにより，通算して3月を超えて本邦に在留することとなった場合には，結果的に在留が長期化したに過ぎず，短期間の滞在を認めているという状況に変化はないことから，対象外となる。

(2) **対象外の者**（第19条の3ただし書に掲げる者）

(1)①ないし④の者を対象外とした理由は以下のとおりである。
① 3月以下の在留期間が決定された者
② 短期滞在の在留資格が決定された者

これらの外国人については，短期間のうちに，我が国から出国することが予定されていたり，在留期間の更新等の手続を経ることとなるため，中長期間在留する外国人のように継続して情報を把握する必要性に乏しく，また，このような者を法務大臣が継続的に情報を把握する制度の対象として住居地届出等の義務を課すことは外国人の負担の面でも相当ではないことから，従前どおり，入国時や在留期間の更新時等において，適切に在留管理を行っていくこととしたものである。

③ 外交又は公用の在留資格が決定された者

これらの者については，国際儀礼上配慮の必要性が高く，また，従来の情報把握の制度においても問題が生じていないことから，新たな在留管理制度の対象者としなかったものである。

④ ①から③までの外国人に準じたものとして法務省令で定める者

法務省令においては，i）特定活動の在留資格をもって在留する者であって亜東関係協会の本邦の事務所の職員又は当該職員と同一の世帯に属する家族の構成員としての活動が指定されているもの，ii）特定活動の在留資格をもって在留する者であって駐日パレスチナ総代表部の職員又は当該職員と同一の世帯に属する家族の構成員としての活動が指定されているもの，などを定めることを予定している。

(3) **対象外の者**（特例上陸許可を受けている者等）

在留資格を有しないで在留する者のうち一時庇護上陸許可などの特例上陸許可を受けている者や仮滞在許可を受けている者など入管法の他の規定により在留が認められている者については，当該許可に際して，住居及び行動範囲の制限その他必要な条件を付することが可能であり（入管法第18条の2第4項，第61条の2の4第3項），その違反に対しては罰則が設けられているため（同法第72条第3号，第3号の3），これらの許可を受けた者について，現状以上の在留管理を行う必要性は乏しく，新たな在留管理制度の対象者とはしていない。

なお，一時庇護許可者及び仮滞在許可者については，住民基本台帳制度の対象とされている（住民基本台帳法第30条の45）。

(4) **対象外の者**（不法滞在者）

不法滞在者は，新たな在留管理制度及び住民基本台帳法制度の対象外となっているが，このことにより不法滞在者に提供される行政サービスに変更はない。不法滞在者に対して行政サービスが提供されるか否かは，各行政サービスの目的によって個別に定められるからである。例えば，国民健康保険，健康保険，児童手当，児童扶養手当，国民年金，雇用保険，後期高齢者制度，生活保護等の多くの行政サービスについては，従来においても不法滞在者には提供されておらず，一方，児童の就学，予防接種，母子手帳の交付等については，不法滞在者にも提供されている（資料7「外国人に対する主な行政サービス一覧」参照）。

なお，この点に関連して衆議院総務委員会及び同法務委員会において，それぞれ改正住民基本台帳と改正入管法に附則が追加されている（本章1(3)ウ注17⑦ⅰ）〔25頁〕参照）。

(5) **施行日との関係**

新たな在留管理制度の対象者となるのは，改正法の施行日（公布の日から起算して3年を超えない範囲内において政令で定める日）に中長期在留者であった者[21]と，それ以降に中長期在留者となった者である。

新たに我が国に入国する者については，改正法の施行日以降に上陸許可の証印を受けて中長期在留者となった時に，我が国で出生した者については，在留資格取得許可を受けて中長期在留者となった時に，それぞれ新たな在留管理制

第2章　新たな在留管理制度の導入に係る措置

資料7　外国人に対する主な行政サービス一覧

主な行政サービス	適法に在留する外国人	不法滞在外国人	根拠法令等
国民健康保険	△ （1年以上の在留資格が決定された者）	×	国民健康保険法 　同法6条11号・同規則1条1号で、在留資格を有しない者又は在留資格をもって本邦に在留する者で1年未満の在留期間を決定されたものを対象外にしている。
後期高齢者医療	△ （1年以上の在留資格が決定された者）	×	高齢者の医療の確保に関する法律 　同法51条2号・同規則9条1号で、在留資格を有しない者又は在留資格をもって本邦に在留する者で1年未満の在留期間を決定されたものを対象外にしている。
健康保険	△ （就労が認められる在留資格をもって在留する者）	×	健康保険法 　適法な雇用を前提とする制度であるため、入管法上就労が認められている在留資格をもって在留する外国人が対象となり、不法滞在者は対象外とされている。
雇用保険	△ （就労が認められる在留資格をもって在留する者）	×	雇用保険法 　雇用保険の失業給付等は、労働者が失業した場合に生活の安定を図るとともに、再就職を促進することを目的として給付されるものであるが、不法滞在者等、入管法で就労が禁止されている者については、求職活動そのものが認められないため。
児童手当	△ （国内に住所を有する者）	×	児童手当法 　同法4条1項は、「国内に住所を有する」ことを支給要件としているところ、短期滞在者や不法滞在者はこの要件に該当しないものとされている。
児童扶養手当	△ （国内に住所を有する者）	×	児童扶養手当法 　同法4条2項、3項は、「国内に住所を有する」ことを支給要件としているところ、短期滞在者や不法滞在者はこの要件に該当しないものとされている。

2 対象者

国民年金	△ (国内に住所を有する者)	×(※)	国民年金法 　同法7条1項1号で，日本国内に住所を有する者に適用するとされている。(※実務上，住所を有するかの判断については外国人登録の有無を基準としているが，不法滞在者からの保険料徴収は現実には相当困難であり，外国人登録制度廃止後も実務に大きな変化はないと考えられる。)
生活保護	△(※)	×	生活保護法 　生活保護法は，日本国民のみを対象としており，外国人には適用されない。(※適法に日本に滞在し，活動に制限を受けない永住，定住等の在留資格を有する外国人に対しては，予算措置により保護を実施。)
行旅病人の救護	○	○	行旅病人及行旅死亡人取扱法 　行旅法による救護の対象者は，歩行に堪えない行旅中の病人等で療養の途を有せず，かつ，救護者のいない者であり，これを満たせば不法滞在外国人も対象となり得る。
母子保護(母子健康手帳の交付，未熟児養育医療の給付)	○	○	母子保健法 　妊産婦及び乳幼児の健康の保持，増進を図る観点から，明文上制限規定はなく，保護の対象とされている。
結核予防 (健康診断)	○	○	感染症の予防及び感染症の患者に対する医療に関する法律 　公衆衛生の向上，増進を図る観点から，明文上制限規定はなく，保護の対象とされている。
児童の教育	○	○	国際人権規約(A規約)の規定等を踏まえ，外国人が公立の小中学校における就学を希望する場合には無償で就学を認めている(不法滞在者の子どもであっても就学は可能)。

21) 改正法の施行日に中長期在留者であった者については，改正法附則において種々の経過措置が定められている（第4章参照）。

3 情報の継続的把握

　新たな在留管理制度においては，中長期在留者に対し，氏名等の基本的身分特定事項，在留資格，在留期間等を記載した在留カードを交付し，一定の在留カード記載事項その他の重要事項に変更があった場合には法務大臣に届け出る義務を負わせるとともに，これらの情報の正確性を担保するための各種制度を設けている。

　本項においては，まず(1)で在留カードについて，(2)で中長期在留者の各種届出義務について，それぞれ詳細に解説する。また，(3)では中長期在留者に関する情報の継続的な把握についての法務大臣の責務について解説する。

(1) 在留カード

ア　総　論

(i) 在留カードの意義

　在留カードとは，法務大臣が中長期在留者に対し，上陸許可や，在留資格の変更許可，在留期間の更新許可等在留に係る許可に伴って交付する文書をいう。

　新たな在留管理制度においては，法務大臣が，中長期在留者の在留管理に必要な情報を継続的に把握することとなるところ，在留カードには，法務大臣が把握している情報の重要部分が記載され，記載事項に変更が生じた場合には，変更届出がなされることなどにより，常に最新の情報が反映される。

　そのため，外国人は，就労活動を行う際や，各種の行政サービスを受ける際に，在留カードを提示することによって，自らが適法な在留資格をもって我が国に中長期間在留する者であることを簡単に証明することができる。

　また，外国人を雇用等する側においても，在留カードを確認することによって，その外国人の就労資格の有無等について簡単に判断することができる。

このように，在留カードは，上陸許可や在留に係る許可に伴って交付され，在留カードの交付を受けた外国人が，我が国に中長期間適法に在留することができる外国人であることを明らかにするものであると同時に，法務大臣が把握する情報の重要部分が記載され，その内容が常に最新の状態に保たれることを通じて，法務大臣による継続的な情報把握を担保するものであり，新たな在留管理制度の根幹をなすものである。

(ii) 在留カードの法的性格

　在留カードは，上陸許可や，在留資格の変更許可，在留期間の更新許可，在留資格の取得許可等在留に係る許可に伴い交付されるところ，その交付を受けた外国人について，法務大臣が我が国に中長期間滞在できる在留資格及び在留期間をもって適法に在留する者であることを証明する，「証明書」としての性格を有するが，さらに，在留に係る許可時に交付される在留カードについて言えば，その交付が従来の旅券になされる許可の証印等に替わって許可の要式行為となる，いわば「許可証」としての性格をも有する。

　在留カードの交付と旅券になされる各種許可の証印との関係については，上陸許可の証印は，従前どおり，旅券になされるが，在留資格の変更許可，在留期間の更新許可，在留資格の取得許可等在留に係る許可の際に旅券になされる証印は，在留カード交付対象者にはなされず，在留カードの交付をもってこれに替えることとなる。

イ　在留カードの記載事項等（資料8「在留カードのイメージ図」〔37頁〕参照）

（在留カードの記載事項等）
第19条の4　①　在留カードの記載事項は，次に掲げる事項とする。
　1　氏名，生年月日，性別及び国籍の属する国又は第2条第5号ロに規定する地域
　2　住居地（本邦における主たる住居の所在地をいう。以下同じ。）
　3　在留資格，在留期間及び在留期間の満了の日
　4　許可の種類及び年月日
　5　在留カードの番号，交付年月日及び有効期間の満了の日
　6　就労制限の有無
　7　第19条第2項の規定による許可を受けているときは，その旨

> ② 前項第5号の在留カードの番号は，法務省令で定めるところにより，在留カードの交付（再交付を含む。）ごとに異なる番号を定めるものとする。
> ③ 在留カードには，法務省令で定めるところにより，中長期在留者の写真を表示するものとする。この場合において，法務大臣は，第6条第3項の規定その他法務省令で定める法令の規定により当該中長期在留者から提供された写真を利用することができる。
> ④ 前3項に規定するもののほか，在留カードの様式，在留カードに表示すべきものその他在留カードについて必要な事項は，法務省令で定める。
> ⑤ 法務大臣は，法務省令で定めるところにより，第1項各号に掲げる事項及び前2項の規定により表示されるものについて，その全部又は一部を，在留カードに電磁的方式により記録することができる。

(i) 概　要

在留カードには，個人情報保護や，外国人の負担・行政コスト等を考慮して，必要最小限の情報のみを記載することとしている。

例えば，外国人から届出のあった所属機関の情報や，所属機関から提供された情報については，これらの情報を在留カードによって即時的に把握するまでの必要性は少ないこと，これらの情報を在留カードの記載事項とした場合には，情報の変更に応じて在留カードの記載も変更しなければならず，外国人本人の負担や行政コストが増加することなどを考慮して，在留カードの記載事項とはしていない。

(ii) 氏名，生年月日，性別及び国籍の属する国[22]又は第2条第5号ロに規定する地域（第1項第1号）

外国人の基本的身分特定事項を記載事項としたものである。

「第2条第5号ロに規定する地域」については，「出入国管理及び難民認定法第2条第5号ロの地域を定める政令」により，台湾並びにヨルダン川西岸地区及びガザ地区が指定されている。

(iii) 住居地（第1項第2号）

「住居地」とは，改正入管法において新たに設けられた用語であり，本号において「本邦における主たる住居の所在地」と定義されている。

従来，外登法においては，「居住地」という用語が用いられていたが，これ

3　情報の継続的把握

資料8　在留カードのイメージ図

（表面）

日本国政府 GOVERNMENT OF JAPAN	在留カード RESIDENCE CARD	番号 No.

- 氏名 NAME
- 生年月日 DATE OF BIRTH　年 Y　月 M　日 D　性別 SEX　国籍・地域 NATIONALITY/REGION
- 住居地 ADDRESS
- 在留資格 STATUS
- 就労制限の有無
- 在留期間（満了日） PERIOD OF STAY (DATE OF EXPIRATION)　年 Y　月 M（　　　年 Y　月 M　日 D）
- 許可の種類
- 許可年月日　　　　　交付年月日
- （顔写真）
- このカードは　　　年　月　日まで有効 です。　法務大臣　職印
- PERIOD OF VALIDITY OF THIS CARD

（裏面）

住居地記載欄

届出年月日	住居地	記載者印

資格外活動許可欄	在留期間更新等許可申請欄

（出典：法務省資料）

は単なる現在地をも含む概念であり，例えばそれが公園や路上等であっても，そこに外国人が存在する事実があれば，「居住地」として登録の対象となっていた。

しかし，住民基本台帳法上の「住所」概念が公園や路上等を含まないものとされていること（平成20年10月3日最高裁判所判決〔判例時報2026号11頁〕参照）との均衡からして，新たな在留管理制度の下では，そのような従来の居住地概念とは異なる概念を用いる必要があった。

その一方で，適正な在留管理を実施するためには，当該外国人の生活の本拠が海外にあると認められる場合であっても，本邦における生活の中心たる場所を届け出させる必要があるため，海外を含む生活の本拠を意味する「住所」という用語を用いるのは適切ではなく，本邦における主たる住居の所在地を意味する「住居地」を届出事項とすることとしたものである。

もっとも，総務省によれば，外国人については，住民基本台帳法上の「住所」は日本国内においてその有無が判断されるとのことであるので，日本に在留する外国人について，住民基本台帳法上の「住所」と入管法上の「住居地」の概念は事実上一致することとなる。

(iv) 在留資格，在留期間及び在留期間の満了の日（第1項第3号）

これにより，在留カードを所持する外国人がいかなる在留資格をもっていつまで我が国に在留することができるかが容易に判断できる。

(v) 許可の種類及び年月日（第1項第4号）

適法な在留であることの根拠となる許可の種類及び年月日を在留カードの記載事項としたものである。

許可の種類とは，例えば，上陸許可，在留期間の更新許可等のことである。

(vi) 在留カードの番号，交付年月日及び有効期間の満了の日（第1項第5号）

外国人については，氏名，生年月日，国籍等の情報だけでは類似人が複数存在し，その特定に困難を生じる場合があることから，在留カードの番号を在留カードの記載事項としたものである。

在留カードの番号は，在留カードの交付ごとに異なる番号が定められる（第2項）。

これは，在留カードの番号を券面記載事項としていることに対し，民間業者

等による在留カードの番号をキーとすることによる不当なデータベースの構築についての懸念が示されていたところ，こうした懸念を払拭するための措置として，衆議院法務委員会における修正で，在留カードの番号については，在留カードの交付ごとに異なる番号を定めるものとするとともに，外国人が在留カードの交換を希望するときには，手数料を負担した上で再交付を受けることができるようにしたものである（第19条の13第1項，第67条の2）。

在留カードの有効期間の満了の日を在留カードの記載事項としたのは，永住者については，在留期間は無期限であり，在留カードの有効期間の満了日を設ける必要があること（後記ウ参照），それ以外の者についても，在留カードが在留期限内でのみ有効であることを明確にする必要がある[23]ことを理由とするものである。

(vii) 就労制限の有無（第1項第6号）

中長期在留者は，就労活動を行う際に在留カードを提示することによって自らが就労可能な者であることを簡単に証明することができる[24]。

(viii) 第19条第2項の規定による許可を受けているときは，その旨（第1項第7号）

留学等の非就労資格を有する外国人は，第19条第2項に規定する資格外活動許可を受けて就労する必要があるが，本号の記載により，事業主等に在留カードを提示することによって自らが資格外活動許可を受けていることを簡単に証明することができる。

(ix) 写真（第3項）

在留カードには，中長期在留者の顔写真を表示するものとしている[25]。

なお，第3項後段は，新規上陸者に対し，海空港において在留カードを発行する場合には，その円滑な発行のため，上陸申請に先立って法務大臣に提供しなければならないこととされている個人識別情報（入管法施行規則第5条第6項において，指紋及び写真と定められている）のうち顔写真の情報を利用することがあり得ることから，その旨を規定したものである。

(x) 在留カードの様式，在留カードに表示すべきものその他在留カードについて必要な事項（第4項）

「在留カードの様式」については，法務省令において，在留カードの形状や記載欄の様式等を定める予定である。

第2章　新たな在留管理制度の導入に係る措置

「在留カードに表示すべきもの」については，法務省令において，法務大臣の名称や公印の印影，在留期間の更新申請中であること等の表示の方法等を定める予定である。

(xi) 電磁的方式による記録（第5項）

在留カードにはICチップが搭載されるところ，法務大臣は，法務省令で定めるところにより，在留カードに記載される事項及び在留カードに表示されるものについて，その全部又は一部を電磁的方式により記録することができる[26]。

在留カードにICチップを搭載する目的は，一次的にはICチップを読み取り，ICチップに搭載された情報と券面に記載された事項を見比べることにより，在留カードの偽変造の有無を確認できるようにすることにある[27]。

22) 無国籍の者については，無国籍である旨の表記を行うこととなる。
23) なお，外国人登録証明書には，有効期間という概念は存在しない。次回確認申請期間についても，在留期間の満了の日とは一致しない。
24) これに対し，外国人登録証明書の在留の資格欄には，入管法上の在留資格等が記載されるものの，就労の可否を明らかにするような記載はない。
25) 16歳に満たない外国人については，在留カードの常時携帯義務が課せられておらず，顔写真は表示されない。
26) なお，上陸申請に先立って法務大臣に提供しなければならないこととされている個人識別情報のうち指紋の情報は，在留カードに記載される事項にも表示されるものにも該当しない以上，ICチップに記録されることはない。
27) また，市町村において，ICリーダライターが設置されれば，住居地等の届出に際し，在留カードのICチップに記録された情報の読み出しが可能となるため，これを利用して，その電算システムに中長期在留者の身分事項等を入力する労力を大幅に縮減し，事務の効率化や過誤の防止を図ることが可能となる。

ウ　在留カードの有効期間

（在留カードの有効期間）
第19条の5　①　在留カードの有効期間は，その交付を受ける中長期在留者に係る次の各号に掲げる区分に応じ，当該各号に定める日が経過するまでの期間とする。
1　永住者（次号に掲げる者を除く。）　在留カードの交付の日から起算して7年を経過する日
2　永住者であつて，在留カードの交付の日に16歳に満たない者（第19条の11第3項において準用する第19条の10第2項の規定により在留カードの交付を受ける者を除く。第4号において同じ。）　16歳の誕生日（当該外国人の

誕生日が2月29日であるときは，当該外国人のうるう年以外の年における誕生日は2月28日であるものとみなす。以下同じ。）
3　永住者以外の者（次号に掲げる者を除く。）　在留期間の満了の日
4　永住者以外の者であつて，在留カードの交付の日に16歳に満たない者　在留期間の満了の日又は16歳の誕生日のいずれか早い日
②　前項第3号又は第4号の規定により，在留カードの有効期間が在留期間の満了の日が経過するまでの期間となる場合において，当該在留カードの交付を受けた中長期在留者が，第20条第5項（第21条第4項において準用する場合を含む。以下この項，第24条第4号ロ及び第26条第4項において同じ。）の規定により，在留期間の満了後も引き続き本邦に在留することができることとなる場合にあつては，当該在留カードの有効期間は，第20条第5項の規定により在留することができる期間の末日が経過するまでの期間とする。
（在留カードの有効期間の更新）
第19条の11　①　在留カードの交付を受けた中長期在留者は，当該在留カードの有効期間が当該中長期在留者の在留期間の満了の日までとされている場合を除き，当該在留カードの有効期間の満了の日の2月前（有効期間の満了の日が16歳の誕生日とされているときは，6月前）から有効期間が満了する日までの間（次項において「更新期間」という。）に，法務省令で定める手続により，法務大臣に対し，在留カードの有効期間の更新を申請しなければならない。
②　やむを得ない理由のため更新期間内に前項の規定による申請をすることが困難であると予想される者は，法務省令で定める手続により，更新期間前においても，法務大臣に対し，在留カードの有効期間の更新を申請することができる。
③　前条第2項の規定は，前2項の規定による申請があつた場合に準用する。

(i)　在留カードの有効期間（第19条の5）

第19条の5は，在留カードの有効期間を定めたものである。

(a)　16歳以上の永住者に交付される在留カードの有効期間は，7年である（第1項第1号）。

外国人登録証明書には有効期間というものはないが，切替交付（外登法第11条）の制度があり，登録内容を定期的に点検して，誤りや事実との不一致が生じていることを発見したときは，速やかにこれを是正することとしていた。

新たな在留管理制度においても，これと同様の制度を設けることとし，在留期間が無期限とされている永住者に交付される在留カードにも有効期間を設定

し，有効期間が満了する前に，永住者に有効期間の更新の申請を行わせ，在留カードの記載事項に誤りや事実との不一致が生じていないかどうかを確認する (その際，写真の提供を受けて新たな在留カードに表示する) こととしている。

(b) 16歳に満たない永住者に交付される在留カードの有効期間は，16歳の誕生日 (当該永住者の誕生日が2月29日であるときは，当該永住者のうるう年以外の年における誕生日は2月28日であるものとみなす) が経過する期間までである (第1項第2号)。

16歳に満たない永住者に交付される在留カードには顔写真が表示されないところ，当該永住者が16歳になったときに在留カードに顔写真を表示する必要があるからである。

(c) 16歳以上の永住者以外の外国人に交付される在留カードの有効期間は，在留期間の満了の日が経過するまでの期間である (第1項第3号)。

永住者以外の外国人については，在留期間の更新許可に伴って新たな在留期間等が記載された在留カードが交付されるからである。

(d) 16歳に満たない永住者以外の外国人に交付される在留カードの有効期間は，在留期間の満了の日又は16歳の誕生日のいずれか早い日 (当該外国人の誕生日が2月29日であるときは，当該外国人のうるう年以外の年における誕生日は2月28日であるものとみなす) が経過するまでの期間までである (第1項第4号)[28]。

(e) なお，外国人が，在留期間の満了の日までに在留資格の変更又は在留期間の更新申請をした場合において，在留期間の満了の日までにその申請に対する処分がなされないときは，当該外国人は，その在留期間の満了後も，当該処分がされるとき又は従前の在留期間の満了の日から2月を経過する日のいずれか早いときまでの間は，引き続き当該在留資格をもって本邦に在留することができることとなるところ (第20条第5項，第21条第4項)，この場合には，在留カードの有効期間についても，同様に伸長されることとなる (第2項)[29]。

(ii) 在留カードの有効期間の更新 (第19条の11)

第19条の11の規定は，「永住者に在留カードが交付される場合」(第19条の5第1項第1号)，「16歳に満たない永住者に在留カードが交付される場合」(同条第1項第2号) 又は「16歳に満たない永住者以外の外国人に在留カードが交付される場合であって，16歳の誕生日が在留期間の満了の日より早く到来す

る場合」（同条第1項第4号に規定される場合のうちの一部）に適用される。

　(a)　16歳以上の永住者は，在留カードの有効期間の満了の日の2月前から有効期間が満了する日までの間（更新期間）に，法務大臣に対して，在留カードの有効期間の更新を申請しなければならない（第1項）。

　これに対し，16歳に満たない永住者及び16歳に満たない永住者以外の外国人であって16歳の誕生日が在留期間の満了の日より早く到来する者については，更新期間は，16歳の誕生日の6月前から有効期間が満了する日までの間となる（同項）。

　これは，16歳に満たない永住者以外の外国人であって在留期間の満了の日の直後に16歳の誕生日を迎える者について，在留期間の更新許可等により在留カードの交付を受けた直後に，16歳になったことにより再び在留カードの有効期間の更新を申請しなければならなくなるという負担を避けるため，在留期間の更新申請等と同時に在留カードの有効期間の更新申請を行うことを可能とする必要があること，この取扱いとの平仄から，16歳に満たない永住者の在留カードの有効期間の更新申請についても同様の取扱いをする必要があることを理由とする。

　(b)　長期の病気療養や海外への長期出張等のやむを得ない理由により，更新期間内に在留カードの有効期間の更新を申請することが困難である場合には，更新期間前においても，在留カードの有効期間の更新を申請することができる（第2項）。

　(c)　在留カードの有効期間の更新申請があった場合，法務大臣は，入国審査官に，当該外国人に対し，新たな在留カードを交付させる（第3項）。

　(d)　在留カードの有効期間の更新申請義務に違反した場合には，刑事罰（1年以下の懲役又は20万円以下の罰金）が科せられる（第71条の2第2号）。

　　28)　その理由については，(i)(b)(c)の解説のとおりである。
　　29)　第19条の5第2項の規定は，中長期在留者に交付される在留カードの有効期間が当該中長期在留者の在留期間の満了の日までとされている場合，すなわち，「永住者以外の外国人に在留カードが交付される場合」（第1項第3号）又は「16歳に満たない永住者以外の外国人に在留カードが交付される場合であって，在留期間の満了の日が16歳の誕生日より早く到来する場合」（第1項第4号に規定される場合のうちの一部）に適用される。

第2章 新たな在留管理制度の導入に係る措置

エ 在留カードが交付される場面等

(新規上陸に伴う在留カードの交付)
第19条の6 法務大臣は、入国審査官に、前章第1節又は第2節の規定による上陸許可の証印又は許可(在留資格の決定を伴うものに限る。)を受けて中長期在留者となつた者に対し、法務省令で定めるところにより、在留カードを交付させるものとする。

(在留資格の変更)
第20条 ①〜③ (略)
④ 法務大臣は、前項の規定による許可(在留資格の変更許可【筆者注】)をする場合には、次の各号に掲げる区分に応じ、当該各号に定める措置をとるものとする。この場合において、その許可は、それぞれ当該各号に定める在留カード若しくは在留資格証明書の交付又は旅券若しくは在留資格証明書の記載のあつた時に、当該在留カード、在留資格証明書又は旅券に記載された内容をもつて効力を生ずる。
　1　当該許可に係る外国人が引き続き中長期在留者に該当し、又は新たに中長期在留者に該当することとなるとき　入国審査官に、当該外国人に対し、在留カードを交付させること。
　2　前号に掲げる場合以外の場合において、当該許可に係る外国人が旅券を所持しているとき　入国審査官に、当該旅券に新たな在留資格及び在留期間を記載させること。
　3　第1号に掲げる場合以外の場合において、当該許可に係る外国人が旅券を所持していないとき　入国審査官に、当該外国人に対し新たな在留資格及び在留期間を記載した在留資格証明書を交付させ、又は既に交付を受けている在留資格証明書に新たな在留資格及び在留期間を記載させること。
⑤ (略)

(在留期間の更新)
第21条 ①〜③ (略)
④ 第20条第4項の規定は前項の規定による許可(在留期間の更新許可【筆者注】)をする場合に、同条第5項の規定は第2項の規定による申請があつた場合に、それぞれ準用する。この場合において、同条第4項第2号及び第3号中「新たな在留資格及び在留期間」とあるのは、「在留資格及び新たな在留期間」と読み替えるものとする。

(永住許可)
第22条 ①・② (略)

③ 法務大臣は，前項の許可（永住許可【筆者注】）をする場合には，入国審査官に，当該許可に係る外国人に対し在留カードを交付させるものとする。この場合において，その許可は，当該在留カードの交付のあつた時に，その効力を生ずる。
（在留資格の取得）
第22条の2 ①・② （略）
③ 第20条第3項本文及び第4項の規定は，前項に規定する在留資格の取得の申請（永住者の在留資格の取得の申請を除く。）の手続に準用する。この場合において，同条第3項本文中「在留資格の変更」とあるのは，「在留資格の取得」と読み替えるものとする。
④ 前条の規定は，第2項に規定する在留資格の取得の申請中永住者の在留資格の取得の申請の手続に準用する。この場合において，同条第1項中「変更しよう」とあるのは「取得しよう」と，「在留資格への変更」とあるのは「在留資格の取得」と読み替えるものとする。
（法務大臣の裁決の特例）
第50条 ①・② （略）
③ 法務大臣は，第1項の規定による許可（在留資格の決定を伴うものに限る。）（在留特別許可【筆者注】）をする場合において，当該外国人が中長期在留者となるときは，入国審査官に，当該外国人に対し，在留カードを交付させるものとする。
④ （略）
（在留資格に係る許可）
第61条の2の2 ①・② （略）
③ 法務大臣は，前2項の許可（定住者の在留資格の取得の許可及び在留特別許可【筆者注】）をする場合には，在留資格及び在留期間を決定し，次の各号に掲げる区分に応じ，当該各号に定める措置をとるものとする。この場合において，その許可は，それぞれ当該各号に定める在留カード又は在留資格証明書の交付のあつた時に，当該在留カード又は在留資格証明書に記載された内容をもつて効力を生ずる。
　1 当該許可に係る外国人が中長期在留者となるとき 入国審査官に，当該外国人に対し，在留カードを交付させること。
　2 前号に掲げる場合以外の場合 入国審査官に，当該外国人に対し，在留資格及び在留期間を記載した在留資格証明書を交付させること。
④ （略）

第2章　新たな在留管理制度の導入に係る措置

　新たな在留管理制度において，在留カードが交付される場面は以下のとおりである。
　(i)　新規上陸の場面
　法務大臣は，入国審査官に，上陸許可を受けて中長期在留者となった者に対し，法務省令で定めるところにより，在留カードを交付させる（第19条の6）。
　この場合，原則として上陸した海空港において，上陸許可に伴い，在留カードを交付することとなる[30]。
　(ii)　在留審査の場面
　法務大臣は，在留資格の変更許可（第20条第4項第1号），在留期間の更新許可（第21条第4項），永住許可（第22条第3項），在留資格の取得許可（第22条の2第3項及び第4項）又は在留特別許可（第50条第3項，第61条の2の2第3項第1号）により，引き続き又は新たに中長期在留者に該当することとなる外国人に対し，入国審査官に，在留カードを交付させる。
　従前は，在留に係る許可をする場合には，法務大臣は，入国審査官に，旅券に在留資格及び在留期間の記載（証印）をさせることとなっていたが，この旅券になされる記載（証印）は，中長期在留者にはなされなくなり，在留カードの交付が在留に係る許可の要式行為となる。
　(iii)　その他の場面
　法務大臣は，第19条の4第1項第1号に掲げる事項（氏名，生年月日，性別及び国籍の属する国等）の変更届出（第19条の10），永住者等における在留カードの有効期間の更新申請（第19条の11），紛失等による在留カードの再交付申請（第19条の12）又は汚損等による在留カードの再交付申請（第19条の13）があった場合において，入国審査官に，当該中長期在留者に対し，新たな在留カードを交付させる[31]。

　30)　現在の厳しい国家財政の下では，外国人が出入国するすべての海空港に在留カード発行の体制を整備するには時間を要することから，改正法施行後当分の間，在留カード発行の体制がいまだ整備されていない海空港において中長期在留者が上陸した場合には，以下の暫定的な措置をとることとなる。
　　　すなわち，まず，当該海空港において，入国審査官が，当該外国人の旅券に，上陸許可の証印をし，在留資格及び在留期間を明示し，「後日在留カードを交付する」旨の記載をする（改正法附則第7条第1項）。
　　　その後，当該外国人が，市町村に住居地の届出をするときには，在留カードの提示に

代えて，この旅券を提示すればよいこととする（同条第2項）。
　在留カードは，住居地の届出後に当該外国人に対し交付されることとなる（第4章2(1)〔138頁〕参照）。
31) 外国人から届出のあった所属機関に係る情報や，所属機関から提供された情報については，在留カードの記載事項ではないことから，これら情報に変更があったとしても，新たな在留カードは交付されない。

オ　在留カードの再交付

（紛失等による在留カードの再交付）
第19条の12　①　在留カードの交付を受けた中長期在留者は，紛失，盗難，滅失その他の事由により在留カードの所持を失つたときは，その事実を知つた日（本邦から出国している間に当該事実を知つた場合にあつては，その後最初に入国した日）から14日以内に，法務省令で定める手続により，法務大臣に対し，在留カードの再交付を申請しなければならない。
②　第19条の10第2項の規定は，前項の規定による申請があつた場合に準用する。
（汚損等による在留カードの再交付）
第19条の13　①　在留カードの交付を受けた中長期在留者は，当該在留カードが著しく毀損し，若しくは汚損し，又は第19条の4第5項の規定による記録が毀損したとき（以下この項において「毀損等の場合」という。）は，法務省令で定める手続により，法務大臣に対し，在留カードの再交付を申請することができる。在留カードの交付を受けた中長期在留者が，毀損等の場合以外の場合であつて在留カードの交換を希望するとき（正当な理由がないと認められるときを除く。）も，同様とする。
②　法務大臣は，著しく毀損し，若しくは汚損し，又は第19条の4第5項の規定による記録が毀損した在留カードを所持する中長期在留者に対し，在留カードの再交付を申請することを命ずることができる。
③　前項の規定による命令を受けた中長期在留者は，当該命令を受けた日から14日以内に，法務省令で定める手続により，法務大臣に対し，在留カードの再交付を申請しなければならない。
④　第19条の10第2項の規定は，第1項又は前項の規定による申請があつた場合に準用する。

　第19条の12及び第19条の13は，在留カードの再交付について規定したものである[32]。

第2章　新たな在留管理制度の導入に係る措置

(i)　紛失等による在留カードの再交付（第19条の12）

　在留カードの交付を受けた中長期在留者は，紛失，盗難，滅失その他の事由により在留カードの所持を失ったときは，その事実を知った日（本邦から出国している間にその事実を知った場合は，その後最初に入国した日）から14日以内に，法務大臣に対し，在留カードの再交付を申請しなければならない（第1項）。

　紛失等による在留カードの再交付申請があった場合，法務大臣は，入国審査官に，当該外国人に対し，新たな在留カードを交付させる（第2項）。

　紛失等による在留カードの再交付申請義務に違反した場合には，刑事罰（1年以下の懲役又は20万円以下の罰金）が科せられる（第71条の2第2号）。

(ii)　汚損等による在留カードの再交付（第19条の13）

(a)　在留カードの交付を受けた中長期在留者は，在留カードが著しく毀損し，若しくは汚損し，又は第19条の4第5項の規定による記録が毀損したときは，法務大臣に対し，在留カードの再交付を申請することができる（第1項前段）。

(b)　在留カードの交付を受けた中長期在留者は，在留カードが毀損等した場合でなくても，正当な理由がない場合を除き，実費を勘案して政令で定める額の手数料を納付して，在留カードの再交付を申請することができる（第1項後段）。

　これは，民間業者等による在留カードの番号をキーとすることによる不当なデータベースの構築についての懸念が示されていたことに対し，こうした懸念を払拭するための措置として，在留カードの交付ごとに異なる在留カード番号を定めるとともに，外国人が，手数料を負担した上で在留カードの交換を受けられるようにするため，衆議院法務委員会において修正がなされたことによるものである。

　「正当な理由がないとき」とは，特段の理由なく再交付申請を繰り返すなど再交付申請を濫用する場合をいう。正当な理由の有無については，個々の事案における具体的な諸事情を勘案して判断される。

(c)　法務大臣は，著しく毀損し，若しくは汚損し，又は第19条の4第5項の規定による記録が毀損した在留カードを所持する中長期在留者に対し，在留カードの再交付を申請することを命ずることができる（第2項）。命令を受けた中長期在留者は，当該命令を受けた日から14日以内に，法務大臣に対し，在

留カードの再交付を申請しなければならない（第3項）。

　汚損等による在留カードの再交付申請があった場合，法務大臣は，入国審査官に，当該外国人に対し，新たな在留カードを交付させる（第4項）。

　(d)　汚損等による在留カードの再交付申請義務に違反した場合には，刑事罰（1年以下の懲役又は20万円以下の罰金）が科せられる（第71条の2第2号）。

32）　外登法においても，外国人登録証明書の再交付（外登法第7条）及び引替交付（同法第6条）の制度があった。

カ　在留カードの失効

> （在留カードの失効）
> 第19条の14　在留カードは，次の各号のいずれかに該当する場合には，その効力を失う。
> 1　在留カードの交付を受けた中長期在留者が中長期在留者でなくなつたとき。
> 2　在留カードの有効期間が満了したとき。
> 3　在留カードの交付を受けた中長期在留者（第26条第1項の規定により再入国の許可を受けている者を除く。）が，第25条第1項の規定により，出国する出入国港において，入国審査官から出国の確認を受けたとき。
> 4　在留カードの交付を受けた中長期在留者であつて，第26条第1項の規定により再入国の許可を受けている者が出国し，再入国の許可の有効期間内に再入国をしなかつたとき。
> 5　在留カードの交付を受けた中長期在留者が新たな在留カードの交付を受けたとき。
> 6　在留カードの交付を受けた中長期在留者が死亡したとき。

　第19条の14は，在留カードがその効力を失う場面として，6つの事由を定めている。

　在留カードの失効事由のうち，第1号，第3号，第4号及び第6号に掲げる事由は，広い意味で中長期在留者ではなくなったことであり，外国人登録制度においても，外国人登録証明書の返納事由（外登法第12条）又は外国人登録原票の閉鎖事由（外登法施行令第6条）として定められていた。

　第2号については，在留カードの有効期間を設けたことから，その有効期間が満了したことを失効事由として定める必要があり，第5号については，

新たな在留カードを交付する際，旧在留カードを確実に返納してもらう必要があるため，失効事由としたものである。

(i)　「在留カードの交付を受けた中長期在留者が中長期在留者でなくなつたとき」（第1号）

第1号に該当する場合としては，例えば，在留資格の変更許可等によって中長期在留者でなくなった場合や，在留期間の更新許可等を受けることなく，在留期間の満了の日を経過したことにより不法残留者になった場合等が考えられる。

(ii)　「在留カードの有効期間が満了したとき」（第2号）

第2号に該当する場合としては，例えば，永住者に交付された在留カードの有効期間が経過した場合等が考えられる。

(iii)　「在留カードの交付を受けた中長期在留者（第26条第1項の規定により再入国の許可を受けている者を除く。）が，第25条第1項の規定により，出国する出入国港において，入国審査官から出国の確認を受けたとき」（第3号）

第3号に該当する場合とは，中長期在留者が，第26条第1項に規定する再入国許可を受けることなく，又は第26条の2第1項に規定するみなし再入国許可制度について，再び入国する意図を表明することなく出国する場合，すなわち，いわゆる単純出国する場合である。

(iv)　「在留カードの交付を受けた中長期在留者であつて，第26条第1項の規定により再入国の許可を受けている者が出国し，再入国の許可の有効期間内に再入国をしなかつたとき」（第4号）

第4号に該当する場合としては，例えば，第26条第1項に規定する再入国の許可を受けて出国した中長期在留者が，当該許可の有効期間内に本邦に再入国しなかった場合や，第26条の2第1項に規定するみなし再入国許可制度により再入国許可を受けたものとみなされて出国した中長期在留者が，1年の有効期間内に本邦に再入国しなかった場合等が考えられる。

(v)　「在留カードの交付を受けた中長期在留者が新たな在留カードの交付を受けたとき」（第5号）

第5号に該当する場合としては，例えば，中長期在留者が，在留期間の更新許可等を受けて，新たな在留カードの交付を受けた場合や，中長期在留者が，

在留カードを紛失したことにより，在留カードの再交付を受けた場合等が考えられる。

(vi) 「在留カードの交付を受けた中長期在留者が死亡したとき」(第6号)

第6号は，中長期在留者が死亡した場合にその者が交付を受けていた在留カードの効力を失わせるための規定である。

キ 在留カードの返納

> (在留カードの返納)
> 第19条の15 ① 在留カードの交付を受けた中長期在留者は，その所持する在留カードが前条第1号，第2号又は第4号に該当して効力を失つたときは，その事由が生じた日から14日以内に，法務大臣に対し，当該在留カードを返納しなければならない。
> ② 在留カードの交付を受けた中長期在留者は，その所持する在留カードが前条第3号又は第5号に該当して効力を失つたときは，直ちに，法務大臣に対し，当該在留カードを返納しなければならない。
> ③ 在留カードの交付を受けた中長期在留者は，在留カードの所持を失つた場合において，前条(第6号を除く。)の規定により当該在留カードが効力を失つた後，当該在留カードを発見するに至つたときは，その発見の日から14日以内に，法務大臣に対し，当該在留カードを返納しなければならない。
> ④ 在留カードが前条第6号の規定により効力を失つたときは，死亡した中長期在留者の親族又は同居者は，その死亡の日(死亡後に在留カードを発見するに至つたときは，その発見の日)から14日以内に，法務大臣に対し，当該在留カードを返納しなければならない。

第19条の15は，在留カードが失効した場合において，その在留カードを法務大臣に返納させるための規定である。

失効事由に応じて，返納義務の履行期間が異なっている。

(i) 在留カードの交付を受けた中長期在留者は，その所持する在留カードが第19条の14第1号(中長期在留者でなくなったとき)，第2号(在留カードの有効期間が満了したとき)又は第4号(再入国の許可の有効期間内に再入国をしなかったとき)に該当して効力を失ったときは，その事由が生じた日から14日以内に，法務大臣に対し，在留カードを返納しなければならない(第1項)。

(ii) 在留カードの交付を受けた中長期在留者は，その所持する在留カードが第19条の14第3号（出国する出入国港において，入国審査官から出国の確認を受けたとき）又は第5号（新たな在留カードの交付を受けたとき）に該当して効力を失ったときは，直ちに，法務大臣に対し，在留カードを返納しなければならない（第2項）。

(iii) 在留カードの交付を受けた中長期在留者は，在留カードの所持を失った場合において，第19条の14（第6号に該当する場合を除く）の規定により在留カードが効力を失った後，在留カードを発見した場合には，発見の日から14日以内に，法務大臣に対し，在留カードを返納しなければならない（第3項）。

(iv) 在留カードが第19条の14第6号（中長期在留者が死亡したとき）の規定により効力を失ったときは，死亡した中長期在留者の親族又は同居者は，死亡の日（死亡後に在留カードを発見するに至ったときは，その発見の日）から14日以内に，法務大臣に対し，在留カードを返納しなければならない（第4項）。

(v) 第19条の15第1項から第3項に規定する在留カードの返納義務に違反した場合には，刑事罰（20万円以下の罰金）が科せられる（第71条の3第3号）。

ク　旅券，在留カード等の携帯義務等

（旅券等の携帯及び提示）
第23条　① 本邦に在留する外国人は，常に旅券（次の各号に掲げる者にあつては，当該各号に定める文書）を携帯していなければならない。ただし，次項の規定により在留カードを携帯する場合は，この限りでない。
1 仮上陸の許可を受けた者　仮上陸許可書
2 乗員上陸の許可を受けた者　乗員上陸許可書及び旅券又は乗員手帳
3 緊急上陸の許可を受けた者　緊急上陸許可書
4 遭難による上陸の許可を受けた者　遭難による上陸許可書
5 一時庇護のための上陸の許可を受けた者　一時庇護許可書
6 仮滞在の許可を受けた者　仮滞在許可書
② 中長期在留者は，法務大臣が交付し，又は市町村の長が返還する在留カードを受領し，常にこれを携帯していなければならない。
③ 前2項の外国人は，入国審査官，入国警備官，警察官，海上保安官その他法務省令で定める国又は地方公共団体の職員が，その職務の執行に当たり，これらの規定に規定する旅券，乗員手帳，許可書又は在留カード（以下この条において

> 「旅券等」という。）の提示を求めたときは，これを提示しなければならない。
> ④ 前項に規定する職員は，<u>旅券等の提示を求める場合には，その身分を示す証票を携帯し，請求があるときは，これを提示しなければならない。</u>
> ⑤ 16歳に満たない外国人は，第1項本文及び第2項の規定にかかわらず，旅券等を携帯することを要しない。

　第23条は，本邦に在留する外国人について，旅券，在留カード又は各上陸の許可等に際し交付される許可証等の文書を携帯していなければならないとするとともに，権限ある官憲がこれら文書の提示を求めた場合には提示しなければならないとしている。

(ⅰ) 旅券等の携帯義務（第1項）

　第1項は，本邦に在留する外国人について，常に旅券を携帯していなければならないとし，仮上陸の許可等を受けて本邦に在留している外国人についてはそれぞれの許可に際して交付される許可書等を携帯していなければならないとする規定である[33]。ただし，中長期在留者が在留カードを携帯する場合は，旅券の携帯義務は課されない。

　「在留」とは，外国人が適法，違法を問わず本邦に存在することを意味する。旅券等の携帯義務に違反した場合には，刑事罰（10万円以下の罰金）が科せられる（第76条第2号）。

(ⅱ) 在留カードの受領及び携帯義務（第2項）

　第2項は，中長期在留者について，法務大臣が交付し，又は市町村の長が返還する在留カードを受領し，常にこれを携帯していなければならないとする規定である。

　在留カードは，中長期在留者に対し，上陸許可や在留に係る許可に伴って交付され，在留カードの交付を受けた外国人が我が国に中長期間適法に在留することができる外国人であることを明らかにするとともに，法務大臣が把握する情報の重要部分が記載され，その内容が常に最新の状態に保たれることを通じて法務大臣による継続的な情報把握を担保するものである。

　このように，在留カードは，新たな在留管理制度の根幹をなすものであり，中長期在留者が在留カードを受領することが必要不可欠であることから，中長期在留者においては，法務大臣が交付し，又は市町村の長が返還する在留カー

ドを受領しなければならないとしたものである。

　また，外国人が我が国に居住するためには，原則として在留資格をもって在留する必要があるところ，不法入国者や不法残留者が依然として多数存在しており，様々な問題を発生させている今日的状況の下では，本邦に在留する外国人の身分関係，居住関係，在留資格の有無及びその内容等を即時的に把握し得ることが必要であることから，中長期在留者においては，在留カードを常に携帯していなければならないとしたものである。

　なお，外登法においても，外国人登録証の受領・携帯義務が定められていた(外登法第13条第1項)。

　在留カードの受領義務に違反した場合には，刑事罰（1年以下の懲役又は20万円以下の罰金）が科せられる（第75条の2第1号）。

　在留カードの携帯義務に違反した場合には，刑事罰（20万円以下の罰金）が科せられる（第75条の3）[34]。

　(ⅲ) 在留カード等の提示義務（第3項，第4項）

　第3項は，本邦に在留する外国人について，入国審査官，入国警備官，警察官，海上保安官その他法務省令で定める国又は地方公共団体の職員から，旅券，乗員手帳，許可書又は在留カードの提示を求められたときは，これら文書を提示しなければならないとする規定である。

　本邦に在留する外国人の身分関係，居住関係，在留資格の有無及びその内容等を即時的に把握し得ることが必要であることから，これら職員が，これら文書の提示を求めた場合には提示しなければならないとしたものである。

　提示義務が課せられるのは，第23条第1項又は第2項の規定により携帯していなければならないとされている文書である（前記(ⅰ)及び(ⅱ)参照）。

　旅券，乗員手帳又は許可書の提示義務に違反した場合には，刑事罰（10万円以下の罰金）が科せられる（第76条第2号）。

　在留カードの提示義務に違反した場合には，刑事罰（1年以下の懲役又は20万円以下の罰金）が科せられる（第75条の2第2号）[35]。

　第4項は，第3項に規定する職員は，これら文書の提示を求める場合には，その身分を示す証票を携帯し，請求があるときは，これを提示しなければならないとしている。

⒤ 16歳に満たない外国人についての特例（第5項）

第5項は，16歳に満たない外国人について，第1項本文及び第2項の規定にかかわらず，旅券等を携帯することを要しないとする規定である。

これは，16歳に満たない外国人のほとんどは，我が国の小・中学校又はそれに相当する教育を受けているなど，独立して社会生活を営んでおらず，親権者等の保護者の監護の下に生活しているのが通常であり，保護者から独立して行動することが稀であることから，在留カード等の携帯義務を課す実際上の必要性に乏しいことなどの理由による[36]。

33) 乗員上陸の許可を受けた者について，乗員上陸許可書の携帯義務に加えて，旅券又は乗員手帳の携帯義務を課した理由については，後記7⑺（99頁）参照。
34) 外登法は，外国人登録証明書の受領義務違反について，刑事罰（1年以下の懲役若しくは禁錮又は20万円以下の罰金，外登法第18条第1項第6号）を設け，携帯義務違反についても，刑事罰（20万円以下の罰金，外登法第18条の2）を設けていた。
35) 外登法は，外国人登録証明書の提示義務違反について，刑事罰（1年以下の懲役若しくは禁錮又は20万円以下の罰金，外登法第18条第1項第7号）を設けていた。
36) 16歳に満たない外国人に交付される在留カードについては，顔写真は表示されない。

⑵ 外国人本人の届出

次に，新規上陸時に在留カードの交付を受けた中長期在留者が，上陸後届け出なければならない事項等について解説する。

ア 住居地の新規及び変更の届出

（新規上陸後の住居地届出）
第19条の7 ① 前条に規定する中長期在留者は，住居地を定めた日から14日以内に，法務省令で定める手続により，住居地の市町村（東京都の特別区の存する区域及び地方自治法第252条の19第1項の指定都市にあつては，区。以下同じ）の長に対し，在留カードを提出した上，当該市町村の長を経由して，法務大臣に対し，その住居地を届け出なければならない。
② 市町村の長は，前項の規定による在留カードの提出があつた場合には，当該在留カードにその住居地の記載（第19条の4第5項の規定による記録を含む。）をし，これを当該中長期在留者に返還するものとする。
③ 第1項に規定する中長期在留者が，在留カードを提出して住民基本台帳法（昭和42年法律第81号）第30条の46の規定による届出をしたときは，当該届出

は同項の規定による届出とみなす。
(在留資格変更等に伴う住居地届出)
第19条の8　①　第20条第3項本文(第22条の2第3項(第22条の3において準用する場合を含む。)において準用する場合を含む。),第21条第3項,第22条第2項(第22条の2第4項(第22条の3において準用する場合を含む。)において準用する場合を含む。),第50条第1項又は第61条の2の2第1項若しくは第2項の規定による許可を受けて新たに中長期在留者となつた者は,住居地を定めた日(既に住居地を定めている者にあつては,当該許可の日)から14日以内に,法務省令で定める手続により,住居地の市町村の長に対し,在留カードを提出した上,当該市町村の長を経由して,法務大臣に対し,その住居地を届け出なければならない。
②　前条第2項の規定は,前項の規定による在留カードの提出があつた場合に準用する。
③　第1項に規定する中長期在留者が,在留カードを提出して住民基本台帳法第30条の46又は第30条の47の規定による届出をしたときは,当該届出は同項の規定による届出とみなす。
④　第22条の2第1項又は第22条の3に規定する外国人が,第22条の2第2項(第22条の3において準用する場合を含む。)の規定による申請をするに際し,法務大臣に対し,住民基本台帳法第12条第1項に規定する住民票の写し又は住民票記載事項証明書を提出したときは,第22条の2第3項(第22条の3において準用する場合を含む。)において準用する第20条第3項本文の規定による許可又は第22条の2第4項(第22条の3において準用する場合を含む。)において準用する第22条第2項の規定による許可があつた時に,第1項の規定による届出があつたものとみなす。
(住居地の変更届出)
第19条の9　①　中長期在留者は,住居地を変更したときは,新住居地(変更後の住居地をいう。以下同じ。)に移転した日から14日以内に,法務省令で定める手続により,新住居地の市町村の長に対し,在留カードを提出した上,当該市町村の長を経由して,法務大臣に対し,その新住居地を届け出なければならない。
②　第19条の7第2項の規定は,前項の規定による在留カードの提出があつた場合に準用する。
③　第1項に規定する中長期在留者が,在留カードを提出して住民基本台帳法第22条,第23条又は第30条の46の規定による届出をしたときは,当該届出は同項の規定による届出とみなす。

(参考) 住民基本台帳法
(転入届)
第22条 ① 転入 (新たに市町村の区域内に住所を定めることをいい, 出生による場合を除く。以下この条及び第30条の46において同じ。) をした者は, 転入をした日から14日以内に, 次に掲げる事項 (いずれの市町村においても住民基本台帳に記録されたことがない者にあつては, 第1号から第5号まで及び第7号に掲げる事項) を市町村長に届け出なければならない。
1 氏名
2 住所
3 転入をした年月日
4 従前の住所
5 世帯主についてはその旨, 世帯主でない者については世帯主の氏名及び世帯主との続柄
6 転入前の住民票コード (転入をした者につき直近に住民票の記載をした市町村長が, 当該住民票に直近に記載した住民票コードをいう。)
7 国外から転入をした者その他政令で定める者については, 前各号に掲げる事項のほか政令で定める事項
② 前項の規定による届出をする者 (同項第7号の者を除く。) は, 住所の異動に関する文書で政令で定めるものを添えて, 同項の届出をしなければならない。
(転居届)
第23条 転居 (一の市町村の区域内において住所を変更することをいう。以下この条において同じ。) をした者は, 転居をした日から14日以内に, 次に掲げる事項を市町村長に届け出なければならない。
1 氏名
2 住所
3 転居をした年月日
4 従前の住所
5 世帯主についてはその旨, 世帯主でない者については世帯主の氏名及び世帯主との続柄
(外国人住民に係る住民票の記載事項の特例)
第30条の45 日本の国籍を有しない者のうち次の表の上欄に掲げるものであつて市町村の区域内に住所を有するもの (以下「外国人住民」という。) に係る住民票には, 第7条の規定にかかわらず, 同条各号 (第5号, 第6号及び第9号を除く。) に掲げる事項, 国籍等 (国籍の属する国又は出入国管理及び難民認定法

第2章　新たな在留管理制度の導入に係る措置

（昭和26年政令第319号。以下この章において「入管法」という。）第2条第5号ロに規定する地域をいう。以下同じ。），外国人住民となつた年月日（外国人住民が同表上欄に掲げる者となつた年月日又は住民となつた年月日のうち，いずれか遅い年月日をいう。以下同じ。）及び同表の上欄に掲げる者の区分に応じそれぞれ同表の下欄に掲げる事項について記載をする。

中長期在留者（入管法第19条の3に規定する中長期在留者をいう。以下この表において同じ。）	1　中長期在留者である旨 2　入管法第19条の3に規定する在留カード（総務省令で定める場合にあつては，総務省令で定める書類）に記載されている在留資格，在留期間及び在留期間の満了の日並びに在留カードの番号
特別永住者（日本国との平和条約に基づき日本の国籍を離脱した者等の出入国管理に関する特例法（平成3年法律第71号。以下この章において「入管特例法」という。）に定める特別永住者をいう。以下この表において同じ。）	1　特別永住者である旨 2　入管特例法第7条第1項に規定する特別永住者証明書に記載されている特別永住者証明書の番号
一時庇護許可者（入管法第18条の2第1項の許可を受けた者をいう。以下この表及び次条において同じ。）又は仮滞在許可者（入管法第61条の2の4第1項の許可を受けた者をいう。以下この表において同じ。）	1　一時庇護許可者又は仮滞在許可者である旨 2　入管法第18条の2第4項に規定する上陸期間又は入管法第61条の2の4第2項に規定する仮滞在許可書に記載されている仮滞在期間
出生による経過滞在者（国内において出生した日本の国籍を有しない者のうち入管法第22条の2第1項の規定により在留することができるものをいう。以下この表及び次条において同じ。）又は国籍喪失による経過滞在者（日本の国籍を失つた者のうち同項の規定により在留することができるものをいう。以下この表及び次条において同じ。）	出生による経過滞在者又は国籍喪失による経過滞在者である旨

（中長期在留者等が住所を定めた場合の転入届の特例）
第30条の46　前条の表の上欄に掲げる者（出生による経過滞在者又は国籍喪失による経過滞在者を除く。以下この条及び次条において「中長期在留者等」とい

う。）が国外から転入をした場合（これに準ずる場合として総務省令で定める場合を含む。）には，当該中長期在留者等は，第22条の規定にかかわらず，転入をした日から14日以内に，同条第1項第1号，第2号及び第5号に掲げる事項，出生の年月日，男女の別，国籍等，外国人住民となつた年月日並びに同表の上欄に掲げる者の区分に応じそれぞれ同表の下欄に掲げる事項を市町村長に届け出なければならない。この場合において，当該中長期在留者等は，市町村長に対し，同表の上欄に掲げる者の区分に応じそれぞれ同表の下欄に規定する在留カード，特別永住者証明書又は仮滞在許可書（一時庇護許可者にあつては，入管法第18条の2第3項に規定する一時庇護許可書）を提示しなければならない。
（住所を有する者が中長期在留者等となつた場合の届出）
第30条の47　日本の国籍を有しない者（第30条の45の表の上欄に掲げる者を除く。）で市町村の区域内に住所を有するものが中長期在留者等となつた場合には，当該中長期在留者等となつた者は，中長期在留者等となつた日から14日以内に，第22条第1項第1号，第2号及び第5号に掲げる事項，出生の年月日，男女の別，国籍等，外国人住民となつた年月日並びに同表の上欄に掲げる者の区分に応じそれぞれ同表の下欄に掲げる事項を市町村長に届け出なければならない。この場合においては，前条後段の規定を準用する。

(i)　新規に本邦に上陸した中長期在留者は，原則として上陸時に在留カードの交付を受けるが，その後，本邦内に住居地（「住居地」の意義については，本章3⑴イ(ⅲ)〔36頁〕参照）を定めてから14日以内に，住居地の市町村において，在留カードを提出した上，法務大臣に対する住居地の届出をしなければならない（第19条の7第1項)[37]。届け出られた住居地は，市町村の窓口で在留カードの裏面に記載され，住居地がICチップ記録事項とされた場合には，ICチップにも記録される（同条第2項）。

　このような住居地の届出義務は，在留資格の変更等により新たに中長期在留者となった場合や，届け出た住居地を変更した場合にも課されている。すなわち，在留資格の変更の許可（第20条第3項本文），在留期間の更新の許可（第21条第3項），在留資格の取得の許可（第22条の2第3項，第22条の3），在留特別許可（第50条第1項）等の許可を受けて新たに中長期在留者となった者は，住居地を定めた日（既に住居地を定めている者にあっては，当該許可の日）から14日以内に，住居地の市町村において，法務大臣に対する住居地の届出をしなければな

らず（第19条の8第1項），また，中長期在留者が住居地を変更した場合には，新住居地に移転した日から14日以内に，新住居地の市町村において，法務大臣に対する住居地の届出をしなければならない（第19条の9第1項）。これらの場合においても，届け出られた住居地は，市町村の窓口で在留カードの裏面に記載され，住居地がICチップ記録事項とされた場合には，ICチップにも記録される（第19条の8第2項，第19条の9第2項）。

なお，これらの届出については，中長期在留者が在留カードを提出して住民基本台帳法上の転入・転居届をしたときは，法務大臣への届出があったものとみなす旨の規定が設けられている（第19条の7第3項，第19条の8第3項，第19条の9第3項）。したがって，当該中長期在留者が在留カードを添えて住民基本台帳法上の転入・転居届をすることにより，入管法上の届出義務も果たされたことになる。

また，出生，日本国籍喪失等の事由により上陸の手続を経ることなく本邦に在留する外国人は，第22条の2第1項の規定により，当該事由が生じた日から60日間は在留資格を有することなく本邦に在留できることとなっているが，住民基本台帳法第30条の45は，こうしたいわゆる経過滞在者を住民基本台帳の登載対象としている。したがって，このような外国人については，在留資格の取得の申請（第22条の2第2項）に先立って住民票の記載が行われている場合が想定されるため，当該外国人が申請に際して住民票の写し又は住民票記載事項証明書を提出した場合には，在留資格の取得が許可された時に，許可に伴って生じる住居地の届出義務が履行されたものとみなすこととして，手続の合理化を図っている（第19条の8第4項）。

(ⅱ) 虚偽の住居地を届け出た場合（第71条の2第1号）や住居地を定めてから14日以内に届出義務を履行しない場合（第71条の3第1号，第2号）には刑事罰の対象となる。

また，①新たに中長期在留者となった者が，その日から90日以内に住居地の届出をしない場合（第22条の4第1項第8号），②中長期在留者が，届出住居地から退去した場合において，退去の日から90日以内に新住居地の届出をしない場合（同項第9号），③中長期在留者が虚偽の住居地を届け出た場合（同項第10号）には，法務大臣が当該中長期在留者の在留資格を取り消すことができる

ものとされている。

37) 外国人の住居地の届出については，外国人の利便性及び市町村における住民基本台帳法上の居住情報の把握の必要性をも考慮し，住居地の市町村の長を経由して法務大臣に届け出ることとしている。

イ 住居地以外の記載事項の変更届出

> （住居地以外の記載事項の変更届出）
> 第19条の10　① 中長期在留者は，第19条の4第1項第1号に掲げる事項に変更を生じたときは，その変更を生じた日から14日以内に，法務省令で定める手続により，法務大臣に対し，変更の届出をしなければならない。
> ② 法務大臣は，前項の届出があつた場合には，入国審査官に，当該中長期在留者に対し，新たな在留カードを交付させるものとする。

(i) 中長期在留者は，在留カードの記載事項のうち，氏名，生年月日，性別，国籍の属する国又は入管法第2条第5号ロに規定する地域の各項目に変更を生じた場合には，14日以内に，法務大臣に変更の届出をしなければならず（第19条の10第1項），届出がなされた場合には，新たな在留カードが交付される（同条第2項）。

生年月日は過去の歴史的事実であり，本来的にはその変更を観念することが困難であるが，外国人の場合，生年月日が不明なため便宜的に1月1日を生年月日としていたものの，その後，本国の裁判所の決定等により，生年月日の修正がなされるといった事例が散見されるため，このような場合には，在留カードの記載事項に変更が生じたものとして，変更届出義務を課すこととしている。

また，現時点において，入管法第2条第5号ロに基づき政令で定められている地域は，①台湾，②ヨルダン川西岸地区及びガザ地区（パレスチナ）の2地域である。

(ii) これらの事項について虚偽の届出をした場合（第71条の2第1号）や14日以内に届出義務を履行しない場合（第71条の3第3号）には，刑事罰の対象となる。

ウ　所属機関等に関する届出

> （所属機関等に関する届出）
> 第19条の16　中長期在留者であつて，次の各号に掲げる在留資格をもつて本邦に在留する者は，当該各号に掲げる在留資格の区分に応じ，当該各号に定める事由が生じたときは，当該事由が生じた日から14日以内に，法務省令で定める手続により，法務大臣に対し，その旨及び法務省令で定める事項を届け出なければならない。
> 1　教授，投資・経営，法律・会計業務，医療，教育，企業内転勤，技能実習，留学又は研修　当該在留資格に応じてそれぞれ別表第１の下欄に掲げる活動を行う本邦の公私の機関の名称若しくは所在地の変更若しくはその消滅又は当該機関からの離脱若しくは移籍
> 2　研究，技術，人文知識・国際業務，興行（本邦の公私の機関との契約に基づいて当該在留資格に係る活動に従事する場合に限る。）又は技能　契約の相手方である本邦の公私の機関の名称若しくは所在地の変更若しくはその消滅又は当該機関との契約の終了若しくは新たな契約の締結
> 3　家族滞在（配偶者として行う日常的な活動を行うことができる者に係るものに限る。），特定活動（別表第１の５の表の下欄ハに掲げる配偶者として行う日常的な活動を行うことができる者に係るものに限る。），日本人の配偶者等（日本人の配偶者の身分を有する者に係るものに限る。）又は永住者の配偶者等（永住者の在留資格をもつて在留する者又は特別永住者（以下「永住者等」という。）の配偶者の身分を有する者に係るものに限る。）　配偶者との離婚又は死別

　新たな在留管理制度において，中長期在留者は，前記の在留カード記載事項のほか，その在留資格に応じ，所属機関や身分関係について在留期間の途中で変更が生じた場合には，随時法務大臣に届け出なければならないものとしている。

　この点，外登法では，在留資格の如何を問わず，ほぼ一律に20項目の登録事項を定め，このうち14項目について変更があった場合には，変更の登録をすべきものとされていた[38]。

　新たな在留管理制度においては，このような取扱いを改め，特定の社会的関係が在留資格の基礎となっている在留資格について，在留期間の途中において

も当該社会的関係が継続しているか否かを把握する必要性がある場合に限り届出義務を課すこととし，仮に，ある社会的関係に変動を生じたとしても，当該社会的関係が在留資格の基礎となっていない場合には届出義務を課さないとの基本的な考え方に基づき，在留資格に応じた届出事項を定めている[39]。

(i) 所属機関に関する届出

教授，投資・経営，法律・会計業務，医療，教育，企業内転勤，技能実習，留学若しくは研修（第19条の16第1号）又は研究，技術，人文知識・国際業務，興行（本邦の公私の機関との契約に基づいて当該在留資格に係る活動に従事する場合に限る）若しくは技能（同条第2号）の在留資格で本邦に在留する中長期在留者は，その所属機関からの離脱・移籍，所属機関との契約の終了・新たな契約の締結があったときや，所属機関の名称・所在地に変更が生じた場合には，14日以内に法務大臣に対し，その旨及び法務省令で定める事項を届け出なければならない。

これらの在留資格をもって在留する外国人については，いずれもいわゆる所属機関の存在が在留資格の基礎となっているため，所属機関について変更が生じた場合に随時法務大臣に対し届け出させることとしたものである[40]。

第1号の届出事項は，「別表第1の下欄に掲げる活動を行う本邦の公私の機関」，第2号の届出事項は，「契約の相手方である本邦の公私の機関」と規定されているが，これは，第2号に掲げる在留資格については，いわゆる派遣契約やプロモーター契約等，契約の相手方たる機関と実際に活動を行う機関が相違する場合があり，そのような場合には，当該外国人の活動について責任を負うべき契約の相手方たる機関に関して，その異動を届け出させるのが在留管理上相当と考えられるため，第1号と第2号を書き分けたものである。また，興行については，法別表上，必ずしも本邦の公私の機関との契約に基づき活動することが予定されているわけではないが，実際には，本邦の何らかの機関との契約に基づいて活動することが多く，このような場合には，当該機関の異動を届け出させるのが相当と考えられるため，契約の相手方たる本邦の公私の機関がある場合に限って，その異動を届け出させることとしたものである。

(ii) 配偶者関係消滅に関する届出

家族滞在，特定活動，日本人の配偶者等，永住者の配偶者等の在留資格で本邦に在留する中長期在留者のうち，日本人又は正規滞在外国人の配偶者として

の身分を有する者は,その配偶者と離婚又は死別した場合には,14日以内に,法務大臣に対し,その旨及び法務省令で定める事項を届け出なければならない(第19条の16第3号)。

これらの者については,いずれも日本人又は正規滞在外国人の配偶者としての身分を有することが在留資格の基礎となっているため,配偶者関係が消滅した場合に随時法務大臣に届け出させることとしたものである。

38) 外登法の登録事項は,①登録番号,②登録の年月日,③氏名,④出生の年月日,⑤男女の別,⑥国籍,⑦国籍の属する国における住所又は居所,⑧出生地,⑨職業,⑩旅券番号,⑪旅券発行の年月日,⑫上陸許可の年月日,⑬在留資格(入管法に定める在留資格及び特別永住者として,永住することができる資格をいう),⑭在留期間(入管法に定める在留期間をいう),⑮居住地,⑯世帯主の氏名,⑰世帯主との続柄,⑱申請に係る外国人が世帯主である場合には,世帯を構成する者(当該世帯主を除く)の氏名,出生の年月日,国籍及び世帯主との続柄,⑲本邦にある父母及び配偶者(申請に係る外国人が世帯主である場合には,その世帯を構成する者である父母及び配偶者を除く)の氏名,出生の年月日及び国籍,⑳勤務所又は事務所の名称及び所在地である(外登法4条1項)。

なお,永住者,特別永住者については,⑨職業・⑳勤務所又は事務所の名称及び所在地,1年未満在留者については,⑱世帯を構成する者の氏名,出生の年月日,国籍及び世帯主との続柄・⑲本邦にある父母及び配偶者の氏名,出生の年月日及び国籍が登録事項とされておらず,随時の変更届出義務を課していない(外登法4条1項)。

39) 外登法では,配偶者の身分に基づく在留資格についても,勤務先の変更登録義務が課されており,極端な例で言えば,パート先をコンビニAからスーパーBに変えた場合であっても変更登録義務が生じていたが,今回の改正では,このような場合には変更届出の義務は課さないこととし,外国人の負担軽減と入管業務の合理化を図っている。

40) これに対し,芸術,宗教又は報道の各在留資格及び別表第2の在留資格については,所属機関の存在が在留資格の基礎となっていないため,これに変更があっても随時届け出る必要はない。

(3) 情報の継続的把握

(中長期在留者に関する情報の継続的な把握)
第19条の18 ① 法務大臣は,中長期在留者の身分関係,居住関係及び活動状況を継続的に把握するため,出入国管理及び難民認定法その他の法令の定めるところにより取得した中長期在留者の氏名,生年月日,性別,国籍の属する国,住居地,所属機関その他在留管理に必要な情報を整理しなければならない。
② 法務大臣は,前項に規定する情報を正確かつ最新の内容に保つよう努めなければならない。

3 情報の継続的把握

> ③ 法務大臣は、在留管理の目的を達成するために必要な最小限度の範囲を超えて、第1項に規定する情報を取得し、又は保有してはならず、当該情報の取扱いに当たつては、個人の権利利益の保護に留意しなければならない。

　本条は、中長期在留者に関する情報の継続的な把握についての法務大臣の責務を定めた規定である。

　第1項は、法務大臣が法令の定めるところにより取得した中長期在留者の氏名、生年月日、性別、国籍の属する国、住居地、所属機関その他在留管理に必要な情報をデータベース化し、必要に応じて迅速に活用できるよう整理すべきことを定めている。「その他在留管理に必要な情報」とは、入管法その他の法令の定めるところにより、在留管理の目的を達成するために取得された情報であり、具体的には、第19条の16第3号の規定に基づいて届け出られた配偶者との離婚・死別に関する情報や雇用対策法第29条に基づき厚生労働大臣から提供された外国人雇用状況届出に関する情報等が含まれる。

　第2項は、改正前の入管法が上陸許可申請や在留期間の更新申請等に際してのみ情報を取得する「点」の情報把握に重点を置いていたのを改め、在留期間の途中における中長期在留者の情報の変更を適切に把握する「線」の在留管理を行うため、法務大臣に対して、中長期在留者の情報を正確かつ最新の内容に保つよう努めるべき責務を課したものである。こうした「線」の情報把握を適切に行うことにより公正な在留管理が実現する。また、これにより在留期間の上限の伸長やみなし再入国許可制度の導入等、適法に滞在する外国人の利便性を向上させる措置を講ずることが可能になる。

　第3項は、個人情報保護の重要性を明らかにするため、衆議院法務委員会の修正により追加された規定であり、法務大臣が取得し、保有する情報は在留管理の目的を達成するために必要な最小限度の範囲に限定されること、当該情報の取扱いに当たっては個人の権利利益の保護に留意しなければならないことを規定している。この点については、「行政機関の保有する個人情報の保護に関する法律」が、「行政の適正かつ円滑な運営を図りつつ、個人の権利利益を保護すること」を目的とし（第1条）、「個人情報を保有するに当たっては、法令の定める所掌事務を遂行するため必要な場合に限り、かつ、その利用の目的

をできる限り特定しなければならない」とした上で,「特定された利用の目的の達成に必要な範囲を超えて,個人情報を保有してはならない」旨を規定しているところ(第3条),本項は,かかる趣旨を明確にするために注意的に規定されたものである。

4 情報の正確性を担保するための諸制度

新たな在留管理制度においては,法務大臣が継続的に把握する情報の正確性を担保するための各種制度を設けている。

本項では,(1)所属機関による届出,(2)事実の調査,(3)在留資格の取消制度について,それぞれ解説する。

(1) 所属機関による届出

> (所属機関による届出)
> 第19条の17 別表第1の在留資格をもって在留する中長期在留者が受け入れられている本邦の公私の機関その他の法務省令で定める機関(雇用対策法(昭和41年法律第132号)第28条第1項の規定による届出をしなければならない事業主を除く。)は,法務省令で定めるところにより,法務大臣に対し,当該中長期在留者の受入れの開始及び終了その他の受入れの状況に関する事項を届け出るよう努めなければならない。

本条は,所属機関の届出に関する責務を規定したものである。

前記のとおり,別表第1の在留資格をもって在留する中長期在留者にはその在留資格に応じ所属機関に関する届出義務が課されているが,当該外国人の所属機関からも情報の届出を受け,外国人,所属機関双方からの情報を突合・分析することにより,情報の正確性を確保しようとするものである。

届出を行うべき所属機関の範囲や届け出るべき事項については,法務省令で定められることとなるが,前記趣旨に照らし,外国人本人において所属機関に関する届出義務のない在留資格である芸術,宗教,報道については,所属機関からの届出も不要である。また,雇用対策法第28条に基づき厚生労働大臣に

対して外国人雇用状況の届出をしなければならない雇用主については，第19条の17により届出を行うべき所属機関からは除外されている。これは，雇用対策法第29条において，法務大臣から厚生労働大臣に対し，外国人雇用状況届出に関する情報提供を求めることができる旨が規定されており，雇用主から法務大臣に対して直接届出させる必要性に乏しいからである。

一方，留学における学校等からは，これまでも任意で届出を受けていたところであるが，今般法律による行政の観点から明文規定を設けることとしたものである。

なお，本条について政府原案では，「届け出なければならない」と規定されていたが，衆議院法務委員会において，「届け出るよう努めなければならない」と修正された。これは，政府原案においても，所属機関の負担を考慮し，届出義務違反に対する罰則は設けず，その履行の確保については所属機関の自発的な意思が重視されていたところであるが，この点を法文上より明確にする観点から，修正されたものである。

(2) 事実の調査

> （事実の調査）
> 第19条の19　①　法務大臣は，中長期在留者に関する情報の継続的な把握のため必要があるときは，この款の規定により届け出ることとされている事項について，その職員に事実の調査をさせることができる。
> ②　入国審査官又は入国警備官は，前項の調査のため必要があるときは，関係人に対し，出頭を求め，質問をし，又は文書の提示を求めることができる。
> ③　法務大臣，入国審査官又は入国警備官は，第1項の調査について，公務所又は公私の団体に照会して必要な事項の報告を求めることができる。

ア　趣　旨

新制度においては，第19条の19に事実の調査についての規定を新設している。

本条は，法務大臣が，中長期在留者の身分関係，居住関係及び活動状況を継続的に把握するため，届出事項に係る情報の正確性を確保することにより，こ

れらの外国人の在留の公正な管理を実現する趣旨で設けられたものである[41]。

イ 内 容

(i) (a) 法務大臣は，中長期在留者に関する情報の継続的な把握のため必要があるときは，第4章第1節第2款の規定により届け出ることとされている事項について，その職員に事実の調査をさせることができる（第1項）。

入管法には，本条以外にも事実の調査についての規定があるが（第59条の2，第61条の2の14），これらの事実の調査は，在留期間更新許可等の許可に関する処分，在留資格の取消しに関する処分又は難民の認定若しくは難民の認定の取消しに関する処分等を行うために必要がある場合に行うことができるのに対し，第19条の19に規定する事実の調査は，我が国に中長期間在留する外国人の身分関係，居住関係及び活動状況を継続的に把握するため，届出事項に係る情報を正確かつ最新の内容に保つために必要がある場合に行うことができるものであり，その趣旨や行われる場面において異なるものである。

(b) 事実の調査の対象は，第4章第1節第2款に規定されている届出事項である。

具体的に事実の調査を行うことが想定されるのは，雇用対策法に基づき外国人の雇用主が届け出た雇用に係る情報と外国人本人が届け出た所属機関や住居地に係る情報とが合致しない場合や，外国人が住居地や所属機関に係る虚偽の情報を届け出たり，あるいは住居地や所属機関に変更があったにもかかわらず，これを届け出ていない旨の情報を得た場合のように，各種届出事項に係る情報の正確性に疑いがあり，これを確認する必要性がある場合である[42]。

(c) 「その職員」には，入国審査官，入国警備官のほか法務事務官が含まれる。

法務事務官が行う事実の調査としては，外国人本人が届け出た所属機関等に係る情報と外国人の雇用主が届け出た雇用に係る情報との照合・分析を行うことなどが考えられる。

(ii) 入国審査官又は入国警備官は，第1項の調査のため外国人その他の関係人に対し，出頭を求め，質問をし又は文書の提出を求めることができる（第2項）。

なお，ここに定められているもののほか，強制にわたるものでない限り，種

4　情報の正確性を担保するための諸制度

々の方法で調査を行うことが可能である。

(ⅲ)　法務大臣，入国審査官又は入国警備官は，公務所又は公私の団体に照会して必要な事項の報告を求めることができる（第3項）。

「公務所」とは，公務員その他法令により公務に従事する職員が職務を行っている機関をいい，物理的な場所を意味するのではなく，制度としての官公署その他の組織体を意味する。

また，「公私の団体」とは，公的又は私的な特定の目的のために複数の人が結合したものをいい，法人格の有無を問わない。

41)　従来の制度においては，法務大臣は，外国人登録制度を通じて把握した情報について，事実の調査を行う権限を有しておらず，様々な支障が生じていた（本章1(1)イ〔11頁〕参照）。
42)　これに対し，例えば，別表第2の在留資格をもって在留する外国人の雇用先に変更があった旨の情報を得た場合であっても，別表第2の在留資格の外国人は所属機関の変更について届出義務を課せられていない（第19条の16）ことから，その変更の有無を確認するために事実の調査を行うことはできない。

(3)　在留資格の取消制度

(在留資格の取消し)
第22条の4　①　法務大臣は，別表第1又は別表第2の上欄の在留資格をもって本邦に在留する外国人（第61条の2第1項の難民の認定を受けている者を除く。）について，次の各号に掲げるいずれかの事実が判明したときは，法務省令で定める手続により，当該外国人が現に有する在留資格を取り消すことができる。
1　偽りその他不正の手段により，当該外国人が第5条第1項各号のいずれにも該当しないものとして，前章第1節又は第2節の規定による上陸許可の証印（第9条第4項の規定による記録を含む。）又は許可を受けたこと。
2　偽りその他不正の手段により，上陸許可の証印等（前章第1節若しくは第2節の規定による上陸許可の証印若しくは許可（在留資格の決定を伴うものに限る。）又はこの節の規定による許可をいい，これらが二以上ある場合には直近のものをいうものとする。以下この項において同じ。）の申請に係る本邦において行おうとする活動が虚偽のものでなく，別表第1の下欄に掲げる活動又は別表第2の下欄に掲げる身分若しくは地位を有する者としての活動のいずれかに該当するものとして，当該上陸許可の証印等を受けたこと。
3　前2号に掲げるもののほか，偽りその他不正の手段により，上陸許可の証

印等を受けたこと。
4 前3号に掲げるもののほか，不実の記載のある文書（不実の記載のある文書又は図画の提出又は提示により交付を受けた第7条の2第1項の規定による証明書及び不実の記載のある文書又は図画の提出又は提示により旅券に受けた査証を含む。）又は図画の提出又は提示により，上陸許可の証印等を受けたこと。
5 偽りその他不正の手段により，第50条第1項又は第61条の2の2第2項の規定による許可を受けたこと（当該許可の後，これらの規定による許可又は上陸許可の証印等を受けた場合を除く。）。
6 別表第1の上欄の在留資格をもつて在留する者が，当該在留資格に応じ同表の下欄に掲げる活動を継続して3月以上行わないで在留していること（当該活動を行わないで在留していることにつき正当な理由がある場合を除く。）。
7 日本人の配偶者等の在留資格（日本人の配偶者の身分を有する者（兼ねて日本人の特別養子（民法（明治29年法律第89号）第817条の2の規定による特別養子をいう。以下同じ。）又は日本人の子として出生した者の身分を有する者を除く。）に係るものに限る。）をもつて在留する者又は永住者の配偶者等の在留資格（永住者等の配偶者の身分を有する者（兼ねて永住者等の子として本邦で出生しその後引き続き本邦に在留している者の身分を有する者を除く。）に係るものに限る。）をもつて在留する者が，その配偶者の身分を有する者としての活動を継続して6月以上行わないで在留していること（当該活動を行わないで在留していることにつき正当な理由がある場合を除く。）。
8 前章第1節若しくは第2節の規定による上陸許可の証印若しくは許可，この節の規定による許可又は第50条第1項若しくは第61条の2の2第2項の規定による許可を受けて，新たに中長期在留者となつた者が，当該上陸許可の証印又は許可を受けた日から90日以内に，法務大臣に，住居地の届出をしないこと（届出をしないことにつき正当な理由がある場合を除く。）。
9 中長期在留者が，法務大臣に届け出た住居地から退去した場合において，当該退去の日から90日以内に，法務大臣に，新住居地の届出をしないこと（届出をしないことにつき正当な理由がある場合を除く。）。
10 中長期在留者が，法務大臣に，虚偽の住居地を届け出たこと。
② 法務大臣は，前項の規定による在留資格の取消しをしようとするときは，その指定する入国審査官に，当該外国人の意見を聴取させなければならない。
③ 法務大臣は，前項の意見の聴取をさせるときは，あらかじめ，意見の聴取の期日及び場所並びに取消しの原因となる事実を記載した意見聴取通知書を当該外国

> 人に送達しなければならない。ただし，急速を要するときは，当該通知書に記載すべき事項を入国審査官又は入国警備官に口頭で通知させてこれを行うことができる。
> ④ 当該外国人又はその者の代理人は，前項の期日に出頭して，意見を述べ，及び証拠を提出することができる。
> ⑤ 法務大臣は，当該外国人が正当な理由がなくて第2項の意見の聴取に応じないときは，同項の規定にかかわらず，意見の聴取を行わないで，第1項の規定による在留資格の取消しをすることができる。
> ⑥ 在留資格の取消しは，法務大臣が在留資格取消通知書を送達して行う。
> ⑦ 法務大臣は，第1項(第1号及び第2号を除く。)の規定により在留資格を取り消す場合には，30日を超えない範囲内で当該外国人が出国するために必要な期間を指定するものとする。
> ⑧ 法務大臣は，前項の規定により期間を指定する場合には，法務省令で定めるところにより，当該外国人に対し，住居及び行動範囲の制限その他必要と認める条件を付することができる。
> ⑨ 法務大臣は，第6項に規定する在留資格取消通知書に第7項の規定により指定された期間及び前項の規定により付された条件を記載しなければならない。
> (在留資格の取消しの手続における配慮)
> 第22条の5 法務大臣は，前条第1項に規定する外国人について，同項第7号に掲げる事実が判明したことにより在留資格の取消しをしようとする場合には，第20条第2項の規定による在留資格の変更の申請又は第22条第1項の規定による永住許可の申請の機会を与えるよう配慮しなければならない。

ア 概　要

　新制度においては，法務大臣が継続的に把握する情報の正確性を担保するとともに，実際に少なからず発生している外国人の在留を継続させることが適当でない事案に的確に対処するため，在留資格取消事由として，①偽りその他不正の手段により在留特別許可を受けたこと，②配偶者の身分を有する者としての活動を継続して6月以上行わないで在留していること及び③新たに中長期在留者となった後又は法務大臣に届け出た住居地から退去した後90日以内に住居地の届出を行わないこと，虚偽の住居地を届け出たことを追加している(第22条の4第1項第5号，第7号ないし第10号)。

また，在留資格の取消しや，外国人からの意見聴取の手続においては，意見聴取通知書や在留資格取消通知書を送達して行うこととしている（同条第3項，第6項）。

イ　取消事由の追加

(i)　「偽りその他不正の手段により，在留特別許可を受けたこと」（第22条の4第1項第5号）

(a)　近時，婚姻を理由に在留特別許可を受けた外国人が，その婚姻がいわゆる偽装婚であったとして逮捕されるなど，外国人が偽りその他不正の手段により在留特別許可を受けていた事案が少なからず見受けられるところ，このような場合については，偽りその他不正の手段により上陸許可の証印等を受けた場合（第22条の4第1項第2号）と同様，在留資格を取り消し得ることとするのが相当であることから，在留資格の取消事由に加えることとしたものである。

この点，在留特別許可においては，その申請行為は存在しない。

しかしながら，在留特別許可については，実務上，退去強制手続の過程で，入管当局において，当該外国人に我が国での在留の希望の有無を確認し，在留を希望する外国人に対しては，特に在留を許可すべき事情の存在を確認した上で，これを裏付ける資料の提出を受け，その結果，特別に在留を許可すべき事情があると認めた場合に，在留特別許可を与えている。

したがって，外国人が述べた前記事情や，提出した資料の内容が虚偽であった場合には，「偽りその他不正の手段により」在留特別許可を得たと観念できるのである。

「偽りその他不正の手段により在留特別許可を受け」る行為の具体例としては，前述したいわゆる偽装婚の事案のほか，例えば，不法残留する外国人女性が，外国人男性との間に生まれた子を，日本人男性との間に生まれた子であると偽ってその認知を受けた上，当該子の監護・養育を理由に在留特別許可を受ける，いわゆる偽装認知の事案が挙げられる。

(b)　本号は，「当該許可の後，これらの規定による許可又は上陸許可の証印等を受けた場合を除く」として，直近の許可のみを在留資格取消しの対象としている。

これは，在留資格の取消制度が，現に有する在留資格を取り消すことによっ

て本邦に在留する法的根拠を喪失させ，最終的に本邦から出国させることを目的とした制度であることによる。

　(ⅱ)　「配偶者の身分を有する者としての活動を継続して6月以上行わないで在留していること」（第22条の4第1項第7号）

　(a)　日本人の配偶者及び永住者等の配偶者は，「配偶者の身分を有する者としての活動」を行うことを理由として我が国における在留を認められている以上，離婚等によりその身分を失うなどしてそれら身分を有する者としての活動を行っていない場合に，従前の在留資格のままで我が国における在留を継続させるのは法の趣旨に反すること，また，近年，いわゆる偽装婚により日本人の配偶者等の在留資格を取得して就労活動を行う者の存在が大きな問題とされており，これに適正に対処する必要があることから[43]，在留資格の取消事由に加えることとしたものである。

　(b)　本号の取消しの対象となるのは，「日本人の配偶者等」又は「永住者の配偶者等」の在留資格を有する者のうち，日本人の配偶者の身分のみを有する者又は永住者等（永住者又は特別永住者）の配偶者の身分のみを有する者に限定されている。

　日本人又は永住者等の子として出生した者については，その身分を有する者としての活動を行わない場合が想定されにくい。

　また，日本人の特別養子については，家庭裁判所が特別養子縁組の成立及び離縁を行うため，偽装による特別養子縁組が想定されにくく，さらに，特別養子縁組が離縁される場合にも，家庭裁判所が関与するため，在留資格の変更の適切な遂行が期待できる。

　そのため，これらについては，本号の取消しの対象としていない。

　(c)　「配偶者の身分を有する者としての活動」を行わない場合とは，配偶者と離婚又は死別した場合のほか，婚姻の実態が存在しない場合をいう。

　婚姻の実態が存在するか否かについては，同居の有無，別居の場合の連絡の有無及びその程度，生活費の分担の有無及びその状況，別の異性との同居の有無，就労活動の有無，職種等種々の事情を総合的に考慮して判断することとなる。

　(d)　配偶者の身分を有する者としての活動を「6月以上継続して行わない」

場合に，在留資格取消しの対象となる。

　この期間について，政府原案は，別表第1の在留資格で在留する外国人に係る在留資格取消し（第22条の4第1項第6号）の要件と同じく「3月」としていたが，衆議院法務委員会において，「6月」に修正された。

　これは，配偶者の身分を有する者としての活動を認められた者については，就労資格等で在留する者に比して一般的に日本社会とのつながりが深く，在留資格の取消しの可否について，より慎重に見極める必要があるとの理由によるものである。

　なお，例えば，日本人配偶者からの暴力が原因で離婚したような事案は，形式的には，「配偶者の身分を有する者としての活動を継続して行わないで在留すること」の要件に該当することになるが，このような事案については，申請すれば，定住者等の在留資格への変更の許可が見込まれる場合があり，在留資格取消手続における意見聴取の際に，外国人に対して在留資格の変更申請を行う意思があるか否かを確認し，在留資格の変更を許可するのが相当である場合には[44]，在留資格取消手続を終了させ，外国人の在留資格を取り消さないことになる。

　この点を明確にするため，衆議院法務委員会での修正により，「法務大臣は，前条第1項に規定する外国人について，同項第7号に掲げる事実が判明したことにより在留資格の取消しをしようとする場合には，第20条第2項の規定による在留資格の変更の申請又は第22条第1項の規定による永住許可の申請の機会を与えるよう配慮しなければならない」旨の規定が設けられた（第22条の5）。

　また，「配偶者の身分を有する者としての活動を行わないで在留していることについて正当な理由がある場合」には在留資格の取消事由には該当しないところ，そのような場合としては，例えば，日本国籍を有する子供の親権を争って離婚調停中の場合等がある。

　政府原案においても，このような場合には在留資格の取消しは行わないものと考えられていたが，衆議院法務委員会での修正により明文化された。

　(ⅲ)　「上陸許可等を受けて，新たに中長期在留者となつた者が，当該上陸許可等を受けた日から90日以内に，法務大臣に，住居地の届出をしないこと」（第22条の4第

4 情報の正確性を担保するための諸制度

1項第8号)

「中長期在留者が，法務大臣に届け出た住居地から退去した場合において，当該退去の日から90日以内に，法務大臣に，新住居地の届出をしないこと」(同項第9号)

「中長期在留者が，法務大臣に，虚偽の住居地を届け出たこと」(同項第10号)

(a) 従前の在留管理制度においては，外国人の著しい増加並びにその構成及び行動様式の変化によって外国人の居住実態の把握が困難となり，適正な在留管理や種々の行政サービスを行う上で支障が生じていたところ，この点における法制度上の問題点の一つとして，外国人の虚偽届出や不届等の違反に対して，在留資格の取消し等の入管法上の処分により対応できないことが指摘されていた（本章1⑴イ〔11頁〕参照）。

そこで，在留管理上最も重要な情報の一つである住居地情報について，その届出義務の履行を担保するため，標記の3つの事由を在留資格の取消事由に加えたものである。

(b) 第1項第8号の取消事由は，上陸許可の証印（第9条第1項，第10条第8項，第11条第4項）又は上陸特別許可（第12条）を受けて新たに中長期在留者となった者，在留資格の変更許可（第20条第3項），在留期間の更新許可（第21条第3項），永住許可（第22条第2項），在留資格の取得許可（第22条の2第3項）を受けて新たに中長期在留者となった者，在留特別許可（第50条第1項，第61条の2の2第2項）を受けて新たに中長期在留者となった者が，当該上陸許可の証印又は許可を受けた日から90日以内に，法務大臣に，住居地の届出をしないことである。

この「90日」という期間は，それだけの期間があれば，住居地を定めて届出を行うのに十分余裕のある期間であると考えられることや，住居地届出義務のない短期滞在の在留期間の上限が90日であることを考慮して要件とされたものである。

もっとも，中には上陸直後に傷病により長期入院し，かつ，代理人等に届出を依頼することもできない場合など，やむを得ない事由により，上陸許可等を受けた後，90日以内に住居地を届け出ることができない事例が想定できないわけではないことから，「届出をしないことにつき正当な理由がある場合」を

在留資格の取消事由から除外している[45]。

(c) 第1項第9号の取消事由は，中長期在留者が，法務大臣に届け出た住居地から退去した日から90日以内に，法務大臣に，新住居地の届出をしないことである。

この場合においても，経済的に困窮するなどして定まった住居地を有しなくなった場合など，在留資格の取消し対象とするのが酷な事例も想定されることから，「届出をしないことにつき正当な理由がある場合」を在留資格の取消事由から除外している。

(d) 第1項第10号の取消事由は，中長期在留者が，法務大臣に，虚偽の住居地を届け出たことである[46]。

43) 偽装婚により日本人の配偶者等の在留資格を取得した場合は，「偽りその他不正の手段により，上陸許可の証印等を受けたこと」に該当し，第22条の4第1項第2号の規定により取り消すこととなるのであって，第22条の4第1項第7号の規定は直接的には偽装婚を対象とするものではない。
しかしながら，上陸許可の証印等を受ける時点において偽装婚であることを立証することは必ずしも容易とは言えないところ，日本人の配偶者等の在留資格をもって在留する者の中には，当該在留資格の取得後間もなく離婚し，在留期間更新間際になって別の日本人と再婚するが，その間は配偶者としての活動を行っておらず，就労活動のみを行っている者も見受けられる。
配偶者の身分を有する者としての活動を継続して6月以上行わないで在留していることを在留資格の取消事由とすることによって，このような脱法行為的な事案に効果的に対処することが期待できるのである。
44) 典型的な例として，いわゆるDV被害者が日本国籍を有する実子を監護・養育しているような場合等に，定住者への在留資格の変更を認めることが想定される。
45) 衆議院法務委員会における修正による。
46) 虚偽の住居地を届け出ることについて正当な理由がある場合は，一般的には想定し難いことから，そのような場合を在留資格取消しの除外事由とはしていない。

ウ 通知書の送達

(i) 法務大臣は，在留資格の取消しをしようとするときは，その指定する入国審査官に，当該外国人の意見を聴取させなければならない（第22条の4第2項）。

この場合においては，あらかじめ，意見の聴取の期日及び場所並びに取消しの原因となる事実を当該外国人に通知しなければならないところ，今回の改正により，同通知については，上記の事実を記載した意見聴取通知書を当該外国人に送達して行うこととした（同条第3項本文）。

ただし，急速を要するときは，当該通知書に記載すべき事項を入国審査官又は入国警備官に口頭で通知させてこれを行うことができる（同条第3項ただし書）。
　「急速を要するとき」に当たる場合としては，例えば，入国審査官が実態調査等のために臨場した現場に，当該外国人が偶然居合わせた場合等が考えられる。
　なお，送達については，第61条の9の2に詳細な規定が設けられている。
　(ⅱ)　今回の改正により，在留資格の取消し自体についても，法務大臣が，在留資格取消通知書を送達して行うこととした（第22条の4第6項）。
　この場合において，法務大臣は，在留資格取消通知書に，同条第7項の規定により指定された出国するために必要な期間及び同条第8項の規定により付された住居及び行動範囲の制限その他必要と認める条件を記載しなければならない（同条第9項）。

5　適法に在留する外国人の利便性の向上に係る措置

　新たな在留管理制度においては，法務大臣が中長期在留者の在留管理に必要な情報を正確かつ継続的に把握することができるようになり，これらの外国人について，在留期間の途中であっても的確な在留管理を行うことが可能になるため，在留期間の上限の伸長，再入国許可制度の見直しなど，適法に在留する外国人の利便性を向上させるための措置を講じている。

(1)　在留期間の上限の伸長

> （在留資格及び在留期間）
> 第2条の2　①　本邦に在留する外国人は，出入国管理及び難民認定法及び他の法律に特別の規定がある場合を除き，それぞれ，当該外国人に対する上陸許可若しくは当該外国人の取得に係る在留資格（技能実習の在留資格にあつては，別表第1の2の表の技能実習の項の下欄に掲げる第1号イ若しくはロ又は第2号イ若しくはロの区分を含む。以下同じ。）又はそれらの変更に係る在留資格をもつて在留するものとする。
> ②　在留資格は，別表第1の上欄（技能実習の在留資格にあつては，二の表の技

> 能実習の項の下欄に掲げる第1号イ若しくはロ又は第2号イ若しくはロの区分を含む。以下同じ。）又は別表第2の上欄に掲げるとおりとし，別表第1の上欄の在留資格をもつて在留する者は当該在留資格に応じそれぞれ本邦において同表の下欄に掲げる活動を行うことができ，別表第2の上欄の在留資格をもつて在留する者は当該在留資格に応じそれぞれ本邦において同表の下欄に掲げる身分若しくは地位を有する者としての活動を行うことができる。
> ③　第1項の外国人が在留することのできる期間（以下「在留期間」という。）は，各在留資格について，法務省令で定める。この場合において，外交，公用及び永住者の在留資格以外の在留資格に伴う在留期間は，<u>5年</u>を超えることができない。

　改正前の入管法では，在留期間の上限は原則3年とされていたが[47]，今回の改正により，これを5年に伸長している（第2条の2第3項）。

[47] 法定特定活動者（特定活動の在留資格をもって在留する者のうち，入管法別表第1の5のイからハまでのいずれかに該当する者として活動が指定されている者）については，改正前から在留期間の上限が5年となっている。これらの者については，新たな在留管理制度の導入に先立ち，法務大臣が指定する機関との契約に基づいて高度な専門的知識を要する特定の分野に関する研究等に従事する者について，在留期間の上限の伸長等を行ったものである。なお，今般の在留期間の上限の伸長に当たり，法定特定活動者について，それ以上に在留期間の上限を伸長する必要性は特に認められない。

(2)　再入国許可の見直し

> （再入国の許可）
> 第26条　①　法務大臣は，本邦に在留する外国人（仮上陸の許可を受けている者及び第14条から第18条までに規定する上陸の許可を受けている者を除く。）がその在留期間（在留期間の定めのない者にあつては，本邦に在留し得る期間）の満了の日以前に本邦に再び入国する意図をもつて出国しようとするときは，法務省令で定める手続により，その者の申請に基づき，再入国の許可を与えることができる。この場合において，法務大臣は，その者の申請に基づき，相当と認めるときは，当該許可を数次再入国の許可とすることができる。
> ②　法務大臣は，前項の許可をする場合には，入国審査官に，当該許可に係る外国人が旅券を所持しているときは旅券に再入国の許可の証印をさせ，旅券を所持していない場合で国籍を有しないことその他の事由により旅券を取得することができないときは，法務省令で定めるところにより，再入国許可書を交付させるものとする。この場合において，その許可は，当該証印又は再入国許可書に記載された日

5　適法に在留する外国人の利便性の向上に係る措置

からその効力を生ずる。
③　法務大臣は，再入国の許可を与える場合には，当該許可が効力を生ずるものとされた日から 5 年を超えない範囲内においてその有効期間を定めるものとする。
④　法務大臣は，再入国の許可を受けている外国人から，第 20 条第 2 項又は第 21 条第 2 項の規定による申請があつた場合において，相当と認めるときは，当該外国人が第 20 条第 5 項の規定により在留できる期間の末日まで，当該許可の有効期間を延長することができる。
⑤　法務大臣は，再入国の許可を受けて出国した者について，当該許可の有効期間内に再入国することができない相当の理由があると認めるときは，その者の申請に基づき，1 年を超えず，かつ，当該許可が効力を生じた日から 6 年を超えない範囲内で，当該許可の有効期間の延長の許可をすることができる。
⑥　前項の許可は，旅券又は再入国許可書にその旨を記載して行うものとし，その事務は，日本国領事官等に委任するものとする。
⑦　法務大臣は，再入国の許可を受けている外国人に対し，引き続き当該許可を与えておくことが適当でないと認める場合には，その者が本邦にある間において，当該許可を取り消すことができる。
⑧　第 2 項の規定により交付される再入国許可書は，当該再入国許可書に係る再入国の許可に基づき本邦に入国する場合に限り，旅券とみなす。

（みなし再入国許可）
第 26 条の 2　①　本邦に在留資格をもつて在留する外国人（第 19 条の 3 第 1 号及び第 2 号に掲げる者を除く。）で有効な旅券（第 61 条の 2 の 12 第 1 項に規定する難民旅行証明書を除く。）を所持するもの（中長期在留者にあつては，在留カードを所持するものに限る。）が，法務省令で定めるところにより，入国審査官に対し，再び入国する意図を表明して出国するときは，前条第 1 項の規定にかかわらず，同項の再入国の許可を受けたものとみなす。ただし，出入国の公正な管理のため再入国の許可を要する者として法務省令で定めるものに該当する者については，この限りでない。
②　前項の規定により外国人が受けたものとみなされる再入国の許可の有効期間は，前条第 3 項の規定にかかわらず，出国の日から 1 年（在留期間の満了の日が出国の日から 1 年を経過する日前に到来する場合には，在留期間の満了までの期間）とする。
③　第 1 項の規定により外国人が受けたものとみなされる再入国の許可については，前条第 5 項の規定は，適用しない。

第2章　新たな在留管理制度の導入に係る措置

ア　みなし再入国許可制度の導入

(i)　概　要

改正前の入管法では，本邦に在留する外国人が，在留資格を維持したまま出入国しようとする場合，事前に入国管理局で再入国許可を受ける必要があったが，今回の改正により，有効な旅券及び在留カードを所持する中長期在留者等一定の者が再入国の意図をもって出国する場合，原則として出国時に有効期間1年の再入国許可を受けたものとみなすこととした（第26条の2第1項，第2項）。これにより，前記条件を満たす外国人は，再入国許可を受けることなく，旅行や出張等での一時的な海外渡航が可能となる。

(ii)　要　件

みなし再入国許可制度の対象となるためには，第1の要件として，「本邦に在留資格をもって在留する外国人（第19条の3第1号及び第2号に掲げる者を除く。）」であること，すなわち，中長期在留者，外交・公用の在留資格を有する外国人，在留資格をもって在留する外国人であって第19条の3第4号に掲げる者[48]のいずれかであることが必要である。中長期在留者にあっては，在留カードを所持する者に限る。

中長期在留者については，今回の改正により，在留状況の正確な把握が可能となり，再入国許可申請を行わせることによって在留状況を確認する必要性が減殺されることから，みなし再入国許可制度を導入することが可能となった。外交・公用の在留資格を有する外国人及び在留資格をもって在留する外国人であって第19条の3第4号に掲げる者については，継続的な情報把握の対象とはされていないが，在留管理上の問題が生じる可能性が極めて低いと考えられること，これらの外国人にも再入国に関する便宜を図ることが国際礼譲上相当であると考えられることなどから，中長期在留者と同様に，みなし再入国許可の対象としている。

第2の要件として，有効な旅券を所持していることが必要である。

有効な旅券の所持は，入国の際の必要不可欠な条件として規定されており（第6条第1項，第7条第1項），これを所持せずに入国した場合には不法入国となる（第3条第1項第1号）。そのため，入管法は，国籍を有しない者等有効な旅券を所持することができない者については，再入国許可書を交付し，再入国許可

書を本邦に再入国する場合に限り旅券とみなすこととしており（第26条第2項，第8項），今後もこのような取扱いが必要と考えられる。したがって，再入国許可の手続を経ることなく，一定の条件の下で再入国を認めることとするみなし再入国許可制度においても，有効な旅券を所持していることを要件としている。

　第3の要件として，「出入国の公正な管理のため再入国の許可を要する者として法務省令で定めるものに該当する者」以外の者であることが必要である（第26条の2第1項本文ただし書）。法務省令で定める者については，今後検討していくこととなるが，例えば，禁錮以上の刑に処せられ，その執行を終わるまで又は執行を受けることがなくなるまでの者や，在留資格取消通知書が送達された者等がこれに当たることとなると思われる。

(iii) 効　果

　再入国の許可を受けたものとみなされる期間は，1年である。長期間にわたって本邦から離れる外国人については，本邦との結びつきが薄れ，ひいては本邦に在留する資格を維持させる必要性が薄れると考えられるため，一律に再入国許可を不要とはせずに，個別に再入国許可申請をさせて，その許否を判断するのが相当であること，実際にも再入国をする者のほとんどが出国後1年以内に再入国していることなどから，このような期間を設けることとした。

(iv) 延長の不可

　みなし再入国許可制度においては，通常の再入国許可とは異なり，在外公館での期間延長制度が設けられていない。これは，同制度は，日本に居住する外国人が比較的短期間での出入国を行う際の手続を簡素化することを目的とした制度であって，海外で期間を延長するような長期間の渡航を予定していないからである。したがって，海外で1年近く生活することを予定しているような場合であって，不測の事態が発生したときには1年以内に再入国できない可能性があるような場合には，事前に通常の再入国許可を受けて出国するのが望ましい。

　　48）　第19条の3第4号の法務省令で定める者としては，特定活動の在留資格をもって在留する者であって，亜東関係協会の本邦の事務所若しくは駐日パレスチナ総代表部の職員又は当該職員と同一の世帯に属する家族の構成員としての活動が指定されているものなどを予定している。

イ　再入国許可の有効期間の上限の伸長

今回の改正により，在留期間の上限が3年から5年に伸長されることに伴い，再入国許可の有効期間も3年から5年に伸長することとした（第26条第3項）。

ウ　その他

(i) 再入国許可の延長

在留資格の変更の申請，在留期間の更新の申請をした外国人は，その在留期間の満了後も，申請に対する処分がされるとき又は従前の在留期間の満了の日から2月を経過する日のいずれか早いときまでの間は，引き続き当該在留資格をもって本邦に在留することができる（第20条第5項，第21条第4項）。この規定により在留できる期間が延長された外国人が，当該延長された期間内に再入国の意図をもって出国する場合が想定されるため，法務大臣は，再入国許可を受けている外国人から，前記の各申請があった場合において，相当と認めるときは，当該在留できる期間の末日まで，再入国許可の有効期間を延長できることとした（第26条第4項）。

(ii) 再入国許可の取消し

改正前の入管法では，再入国許可の取消しの対象となっていたのは，数次再入国許可のみであり，かつ，一度許可に基づいて再入国した場合でなければ取り消すことができなかったが，今回の改正では，一回限りの再入国許可であっても，また，再入国許可を受けた後に出国していない場合であっても取消しを行うことができることとした（第26条第7項）。

これは，再入国許可を受けた後出国するまでの間に，犯罪により刑を受けた場合のように，数次再入国許可であるか否かにかかわらず，かつ，許可に基づく出国の前であっても許可を取り消す必要がある場合が想定されるためである。

(3)　その他

新たな在留管理制度においては，前記(1)(2)以外にも，適法に在留する外国人の利便性の向上に係る措置を講じている[49]。

---

49) 法務大臣が継続的に把握する事項については，新たな制度の構築に当たり，継続把握の必要性について吟味し，真に必要な事項に限定している。すなわち，従来の外登法

では，在留資格の如何を問わず，ほぼ一律に 20 項目の登録事項を定め，このうち 14 項目について変更があった場合には，変更の登録をすべきものとされていた。これに対し，新たな在留管理制度においては，すべての外国人に共通して届け出る事項は，氏名等の基本的身分特定事項及び住居地とし，その他は，在留資格に応じて，所属機関の変更や配偶者との離婚又は死別を届け出ることとして，届出事項を大幅に削減した（本章 3 ⑵ ウ〔62 頁〕参照）。

また，所属機関の変更や配偶者との離婚又は死別に係る届出については，届出先が市町村から地方入国管理局になることに伴い，外国人の負担に配慮して，届出の方法について，インターネットや郵送によることも検討している。

さらに，従来の制度においては，外国人登録制度の登録事項の確認申請が，在留期間の更新の申請と連動していなかったために，永住者・特別永住者以外の外国人は，地方入国管理局における在留期間の更新の申請とは別に，外国人登録の確認申請のため市町村に赴く必要があったが，新たな制度においては，これらの外国人の在留カードの有効期間と在留期間が一致するので，このようなことはなくなる。

6 退去強制

（退去強制）
第 24 条　次の各号のいずれかに該当する外国人については，次章に規定する手続により，本邦からの退去を強制することができる。
1～2 の 3（略）
3　他の外国人に不正に前章第 1 節若しくは第 2 節の規定による証明書の交付，上陸許可の証印（第 9 条第 4 項の規定による記録を含む。）若しくは許可，同章第 4 節の規定による上陸の許可又は第 1 節，第 2 節若しくは次章第 3 節の規定による許可を受けさせる目的で，文書若しくは図画を偽造し，若しくは変造し，虚偽の文書若しくは図画を作成し，若しくは偽造若しくは変造された文書若しくは図画若しくは虚偽の文書若しくは図画を行使し，所持し，若しくは提供し，又はこれらの行為を唆し，若しくはこれを助けた者
3 の 2・3 の 3（略）
3 の 4　次のイからハまでに掲げるいずれかの行為を行い，唆し，又はこれを助けた者
　イ　事業活動に関し，外国人に不法就労活動（第 19 条第 1 項の規定に違反する活動又は第 70 条第 1 項第 1 号から第 3 号の 2 まで，第 5 号，第 7 号，第 7 号の 2 若しくは第 8 号の 2 から第 8 号の 4 までに掲げる者が行う活動で

あつて報酬その他の収入を伴うものをいう。以下同じ。）をさせること。
　　ロ　外国人に不法就労活動をさせるためにこれを自己の支配下に置くこと。
　　ハ　業として，外国人に不法就労活動をさせる行為又はロに規定する行為に関しあつせんすること。
　3の5　次のイからニまでに掲げるいずれかの行為を行い，唆し，又はこれを助けた者
　　イ　行使の目的で，在留カード若しくは日本国との平和条約に基づき日本の国籍を離脱した者等の出入国管理に関する特例法第7条第1項に規定する特別永住者証明書（以下単に「特別永住者証明書」という。）を偽造し，若しくは変造し，又は偽造若しくは変造の在留カード若しくは特別永住者証明書を提供し，収受し，若しくは所持すること。
　　ロ　行使の目的で，他人名義の在留カード若しくは特別永住者証明書を提供し，収受し，若しくは所持し，又は自己名義の在留カードを提供すること。
　　ハ　偽造若しくは変造の在留カード若しくは特別永住者証明書又は他人名義の在留カード若しくは特別永住者証明書を行使すること。
　　ニ　在留カード若しくは特別永住者証明書の偽造又は変造の用に供する目的で，器械又は原料を準備すること。
　4　本邦に在留する外国人（仮上陸の許可，寄港地上陸の許可，通過上陸の許可，乗員上陸の許可又は遭難による上陸の許可を受けた者を除く。）で次のイからヨまでに掲げる者のいずれかに該当するもの
　　イ～ホ（略）
　　ヘ　第73条の罪により禁錮以上の刑に処せられた者
　　ト～ヨ（略）
　4の2・4の3（略）
　4の4　中長期在留者で，第71条の2又は第75条の2の罪により懲役に処せられたもの
　5～10（略）

(1)　概　　要

　入管法第24条は，我が国の社会にとって好ましくないと認められる一定の外国人を本邦から退去強制することができる旨規定しているところ，今般，新たな在留管理制度の導入及び外国人研修制度の見直し（第5章1〔165頁〕参照）

に伴い，①他の外国人に不正に上陸の許可等を受けさせる目的での文書の偽変造等又はその教唆若しくは幇助（第3号），②不法就労助長又はその教唆若しくは幇助（第3号の4），③在留カード若しくは特別永住者証明書の偽変造等又はその教唆若しくは幇助（第3号の5），④第73条の罪により禁錮以上の刑に処せられたこと（第4号ヘ）及び⑤中長期在留者が，第71条の2又は第75条の2の罪により懲役に処せられたこと（第4号の4）の各退去強制事由を追加している。

なお，今般の改正は，新たな在留管理制度の導入のほか，外国人研修制度の見直し等多岐にわたるものであるところ，これら退去強制事由の追加については，外国人研修制度の見直し等を主たる理由とするものもあり，したがって，施行期日が異なるものもあるが，すべての改正内容について一括して記述することとした。

(2) 退去強制事由の追加

ア 他の外国人に不正に上陸の許可等を受けさせる目的での文書の偽変造等又はその教唆若しくは幇助（第3号）

第3号は，他の外国人に不正に在留資格認定証明書の交付や上陸の許可等を受けさせる目的で，文書若しくは図画を偽変造し，内容虚偽の文書若しくは図画を作成し，偽変造若しくは内容虚偽の文書若しくは図画を行使，所持若しくは提供し，又はこれらの行為の教唆若しくは幇助をすることを退去強制事由とするものである。

本号は平成22年7月1日に施行される（ただし，第2節に係る部分については，平成21年7月15日から起算して3年を超えない範囲内において政令で定める日から施行される）。

従前の規定（改正前の第24条第3号）は，「文書若しくは図画を偽造し，若しくは変造し，虚偽の文書若しくは図画を作成し，又は偽造若しくは変造された文書若しくは図画若しくは虚偽の文書若しくは図画を行使し，所持し，譲渡し，貸与し，若しくはその譲渡若しくは貸与のあっせんをした者」としていた。そのため，他の外国人に不正に上陸許可等を受けさせる目的を有するブローカー等が，自ら[50]文書を偽変造し，若しくは虚偽文書を作成し，又は偽変造文書や

虚偽文書を行使し，所持し，譲渡し若しくは貸与[51]した場合や，これらの文書の譲渡又は貸与のあっせんをした場合には，退去強制することができたが，ブローカー等が外国人の受入れ機関等に文書の偽変造や虚偽文書の作成等を教示しただけの場合には退去強制することができなかった。

しかしながら，出入国の公正な管理の観点からは，他の外国人に不正に上陸許可等を受けさせる目的を有するブローカー等が，自ら文書を偽変造等しなくても，外国人の受入れ機関等に対して文書を偽変造したり，虚偽文書を作成することなどを教唆又は幇助した場合にも退去強制することが相当である。また，外国人研修制度に基づく外国人の入国に関して国外のブローカー等のこのような態様での関与が懸念されている。

そこで，外国人研修制度の見直しに合わせ，本号において，文書の偽変造若しくは虚偽文書の作成又は偽変造文書若しくは虚偽文書の行使，所持若しくは提供の各行為の教唆若しくは幇助[52]を行ったことを退去強制事由に加えたものである[53]。

イ　不法就労助長又はその教唆若しくは幇助（第3号の4）

第3号の4は，不法就労助長行為（「事業活動に関し，外国人に不法就労活動をさせる行為」，「外国人に不法就労活動をさせるためにこれを自己の支配下に置く行為」又は「業として，外国人に不法就労活動をさせる行為又は外国人に不法就労活動をさせるために自己の支配下に置く行為に関しあっせんする行為」をいう）を行い，又はその教唆若しくは幇助をすることを退去強制事由とするものである。

本号も平成22年7月1日に施行される。

不法就労助長行為は出入国管理秩序の根幹を乱し，社会・経済秩序に対して悪影響を及ぼす上，外国人労働者に係る人権問題を発生させるおそれのある悪質な行為であることから厳正な対応を行う必要がある。

そのため，平成元年改正において，不法就労助長罪を独立した犯罪として規定し，その後も不法就労助長行為の防止に向けて広報活動を行うなどしてその根絶を図ってきた。

しかしながら，不法就労助長行為は，依然として多数存在しており，特に，外国人の事業主が不法滞在者を不法に就労させて利益を得る事案が数多く見受けられるのが実情である。

この点，改正前においては，不法就労を行っている不法滞在者は退去強制されるが，不法滞在者を就労させて利益を得ている外国人の事業主は退去強制されないこととなっており，不法就労対策として必ずしも適切ではない。また，近時，悪質なブローカーが外国人研修生・技能実習生をその受入れが認められていない機関にあっせん等して就労させることが懸念されている。
　そこで，今般，外国人研修制度の見直しに合わせ，不法就労助長又はその教唆若しくは幇助を行ったことを退去強制事由に加えたものである[54]。

ウ　在留カード若しくは特別永住者証明書の偽変造等又はその教唆若しくは幇助（第3号の5）

　第3号の5は，在留カード若しくは特別永住者証明書を偽変造し，偽変造の在留カード若しくは特別永住者証明書を提供し，収受し，若しくは所持し（同号イ），他人名義の在留カード若しくは特別永住者証明書を提供し，収受し，若しくは所持し，自己名義の在留カードを提供し（同号ロ），偽変造若しくは他人名義の在留カード若しくは特別永住者証明書を行使し（同号ハ），若しくは在留カード若しくは特別永住者証明書の偽変造の用に供する目的で器械若しくは原料を準備（同号ニ）すること，又はこれらの教唆又は幇助をすることを退去強制事由とするものである。
　本号は，公布の日から起算して3年を超えない範囲内において政令で定める日から施行される。
　在留カード及び特別永住者証明書は，これらを所持する者が，中長期在留者や特別永住者であることを証明する公的な文書であり，また，当該外国人が，預金を開設したり，携帯電話を契約したり，行政サービスを受けるなどの社会生活のあらゆる場面での使用が予定されている。
　そのため，在留カード及び特別永住者証明書については，その社会的信用を保護する必要性が極めて高いところ，これらを偽変造等する行為は，新たな在留管理制度の根幹を脅かす行為であり，これらの行為を行った者については厳正に対処する必要性があることから，退去強制事由に加えたものである[55]。

エ　第73条の罪により禁錮以上の刑に処せられたこと（第4号ヘ）

　第4号ヘは，本邦に在留する外国人（仮上陸の許可，寄港地上陸の許可，通過上陸の許可，乗員上陸の許可又は遭難による上陸の許可を受けた者を除く）が，第73条の罪

第 2 章　新たな在留管理制度の導入に係る措置

(資格外活動行為に係る罪) により禁錮以上の刑に処せられたことを退去強制事由とするものである。

本号は平成 22 年 7 月 1 日に施行される (ただし, 公布の日から起算して 3 年を超えない範囲内において政令で定める日までの間は, 外登法が廃止されないことから, 本号は 4 号への(1)として規定され, 改正前の第 4 号への規定〔「外国人登録に関する法令の規定に違反して禁錮以上の刑に処せられた者。ただし, 執行猶予の言渡しを受けた者を除く。」〕は, 4 号への(2)として規定される)。

従前より, 資格外活動許可を受けていない外国人による不法就労が問題となっているところ, これまで資格外活動行為 (資格外活動を「専ら行っていると明らかに認められる」ものを除く) に対する罰則 (第 73 条) の法定刑を引き上げる等の対応を行ってきたが, 依然として資格外活動違反は減少していない。

一方, 改正前においては, 退去強制事由に該当するとされていたのは, 資格外活動を「専ら行っていると明らかに認められる」場合 (第 24 条第 4 号イ) に限られており, これに該当しなければ, 悪質な資格外活動を行った者であっても, 退去強制を行うことができず, 資格外活動に対して有効な対処がなしえていないという実情があった。

そこで, 資格外活動に係る退去強制事由を見直すこととしたものである。

もっとも, その対象者については, 刑罰を介さずに退去強制事由を定めた第 24 条第 4 号イとの区別の必要性, 真に悪質な資格外活動行為者に限定する必要性を考慮し, 第 73 条の罪により禁錮以上の刑に処せられた者に限定した[56]。

オ　中長期在留者が, 第 71 条の 2 又は第 75 条の 2 の罪により懲役に処せられたこと (第 4 号の 4)

第 4 号の 4 は, 中長期在留者が, 第 71 条の 2 の罪 (虚偽の住居地, 基本的身分事項若しくは所属機関等の届出又は在留カードの有効期間の更新若しくは再交付申請義務違反) 又は第 75 条の 2 の罪 (在留カードの受領又は提示義務違反) により懲役刑に処せられたことを退去強制事由とするものである。

本号は, 公布の日から起算して 3 年を超えない範囲内において政令で定める日から施行される。

新たな在留管理制度においては, 中長期在留者を対象として, 法務大臣が在留管理に必要な情報を継続的に把握する制度を構築することとし, そのため,

中長期在留者に対し，基本的身分特定事項や住居地等を記載した在留カードを交付し，一定の記載事項その他の重要事項に変更があった場合には法務大臣に届け出る義務を負わせることにより，常に最新の情報を把握することとしている（本章3(1)ア〔34頁〕参照）。

本号に掲げる行為は，かかる制度の根幹を脅かす行為であることから，退去強制事由に加えることとした。

もっとも，その対象者については，真に悪質な者に限定し，これら違反行為に係る罪により懲役に処せられた者としたものである[57]。

50) 外国人の受入れ機関と共同してこれらの行為を行った場合を含む。
51) 従前の「譲渡」及び「貸与」は，改正法における「提供」に相当する。
52) これらの行為の例としては，金属加工関係の業務に従事したことのない外国人について，金属加工関係の業務に係る技能実習の在留資格を取得させる目的で，ブローカー等が，当該外国人や送出機関に対し，当該外国人が母国において金属加工関係の業務に従事していた旨の虚偽の在籍証明書を作成するように唆す行為や，就労目的の外国人について留学の在留資格を取得させる目的で，在学中の生活費用を支弁する者が存在するように偽るため，ブローカー等が，外国人に対し，支弁者役の人間を紹介する行為などが考えられる。
53) 改正法附則第2条は，改正後の第24条第3号の規定が平成22年7月1日以降に行われた同号に規定されている行為（文書等の偽変造，虚偽文書等の作成，偽変造文書等の行使，所持若しくは提供，又はこれら行為の教唆若しくは幇助行為）について適用されること，同日以前に行われた改正前の第24条第3号に規定されている行為（文書等の偽変造，虚偽文書等の作成，偽変造文書等の行使，所持，譲渡若しくは貸与，又はこれらの文書に係る譲渡若しくは貸与のあっせん行為）については，従前どおり退去強制事由となることを規定している。
54) 改正法附則第3条は，改正後の第24条第3号の4の規定が平成22年7月1日以降に行われた不法就労助長行為等について適用されることを規定している。
55) 在留カード及び特別永住者証明書の偽変造等の各行為については，本章7（90頁）を参照。
56) 改正法附則第4条は，改正後の第24条第4号ヘ（第73条の罪により禁錮以上の刑に処せられた者に係る部分に限る）の規定が平成22年7月1日以降に入管法第73条の罪により禁錮以上の刑に処せられた者について適用されることを規定している。
57) 改正前は，「外国人登録に関する法令の規定に違反して禁錮以上の刑に処せられた者（執行猶予の言渡しを受けた者を除く。）」（第24条第4号ヘ）を退去強制の対象者としていた。

第 2 章　新たな在留管理制度の導入に係る措置

7　罰　則

　入管法は，第 9 章（第 70 条以下）に罰則を置いているところ，今般，外登法を廃止し，新たな在留管理制度を導入するに伴い，外登法にあった規定を再構成するとともに，いくつかの罰則を新設している。

(1)　虚偽届出罪等

> 第 71 条の 2　次の各号のいずれかに該当する者は，1 年以下の懲役又は 20 万円以下の罰金に処する。
> 　1　第 19 条の 7 第 1 項，第 19 条の 8 第 1 項，第 19 条の 9 第 1 項，第 19 条の 10 第 1 項又は第 19 条の 16 の規定による届出に関し虚偽の届出をした者
> 　2　第 19 条の 11 第 1 項，第 19 条の 12 第 1 項又は第 19 条の 13 第 3 項の規定に違反した者
> 第 71 条の 3　次の各号のいずれかに該当する者は，20 万円以下の罰金に処する。
> 　1　第 19 条の 7 第 1 項又は第 19 条の 8 第 1 項の規定に違反して住居地を届け出なかつた者
> 　2　第 19 条の 9 第 1 項の規定に違反して新住居地を届け出なかつた者
> 　3　第 19 条の 10 第 1 項，第 19 条の 15（第 4 項を除く。）又は第 19 条の 16 の規定に違反した者

　ア　新たな在留管理制度において，中長期在留者は，住居地を定め又は変更した場合には市町村の長を介して法務大臣に対し，氏名等の基本的身分特定事項に変更が生じた場合には法務大臣に対し，いずれも 14 日以内に届出をしなければならない（第 19 条の 7 第 1 項，第 19 条の 8 第 1 項，第 19 条の 9 第 1 項，第 19 条の 10 第 1 項）。

　また，教授，投資・経営，法律・会計業務，医療，教育，企業内転勤，技能実習，留学，研修，研究，技術，人文知識・国際業務，興行（本邦の公私の機関との契約に基づいて当該在留資格に係る活動に従事する場合に限る）又は技能の在留資格をもって本邦に在留する中長期在留者は，所属機関に係る変更が生じた場合に，家族滞在，特定活動，日本人の配偶者等又は永住者の配偶者等の在留資格（配

偶者に係るものに限る）をもって本邦に在留する中長期在留者は配偶者と離別又は死別した場合に，法務大臣に対し，いずれも 14 日以内に届出をしなければならない（第 19 条の 16）。

第 71 条の 2 第 1 号は，これらの届出に関し虚偽の届出をした者[58]について罰則を科している（1 年以下の懲役又は 20 万円以下の罰金）。

また，第 71 条の 3 第 1 号，第 2 号及び第 3 号は，中長期在留者が，これらの義務に違反して届け出ををしなかった場合について罰則を科している（20 万円以下の罰金）。

イ　在留カードの交付を受けた中長期在留者は，当該在留カードの有効期間が当該中長期在留者の在留期間の満了の日までとされている場合を除き，有効期間が満了するまでの間に在留カードの有効期間の更新を申請しなければならない（第 19 条の 11 第 1 項）[59]。

また，在留カードの交付を受けた中長期在留者は，紛失等の事由により在留カードの所持を失ったときはその事実を知った日から，在留カードの著しい毀損等を理由に法務大臣から再交付の申請を命じられたときは命令を受けた日から，いずれも 14 日以内に再交付を申請しなければならない（第 19 条の 12 第 1 項，第 19 条の 13 第 3 項）。

さらに，在留カードの交付を受けた中長期在留者は，その所持する在留カードが失効した場合や，失効した在留カードを発見するに至ったときは，その事情に応じて，直ちに又は 14 日以内に，当該在留カードを返納しなければならない（第 19 条の 15 第 1 項ないし第 3 項）。

第 71 条の 2 第 2 号，第 71 条の 3 第 3 号は，中長期在留者が，これらの義務に違反した場合について罰則を科している（第 71 条の 2 第 2 号については 1 年以下の懲役又は 20 万円以下の罰金，第 71 条の 3 第 3 号については 20 万円以下の罰金）。

ウ　これらの罰則規定は，従前の外登法においても同様の規定があったものを，新たな管理制度の構築に伴って再構成することとしたものである[60]。

---

58) 虚偽届出に係る罪の主体は，「届出に関し虚偽の届出をした者」であってその主体を限定しておらず，中長期在留者に限らない。
59) 具体的には，永住者と有効期間の満了の日が 16 歳の誕生日とされている者が，この義務を負うことになる。
60) 特別永住者が，住居地等の届出義務，特別永住者証明書の有効期間の更新・再交付

第2章　新たな在留管理制度の導入に係る措置

申請・受領・提示・返納義務に違反等した場合について，同様の罰則を科している（入管特例法第31条，第32条。なお，第3章6(2)〔136頁〕参照）。

(2) 不法就労助長罪の特則規定

> 第73条の2　①　次の各号のいずれかに該当する者は，3年以下の懲役若しくは300万円以下の罰金に処し，又はこれを併科する。
> 　1　事業活動に関し，外国人に不法就労活動をさせた者
> 　2　外国人に不法就労活動をさせるためにこれを自己の支配下に置いた者
> 　3　業として，外国人に不法就労活動をさせる行為又は前号の行為に関しあつせんした者
> ②　前項各号に該当する行為をした者は，次の各号のいずれかに該当することを知らないことを理由として，同項の規定による処罰を免れることができない。ただし，過失のないときは，この限りでない。
> 　1　当該外国人の活動が当該外国人の在留資格に応じた活動に属しない収入を伴う事業を運営する活動又は報酬を受ける活動であること。
> 　2　当該外国人が当該外国人の活動を行うに当たり第19条第2項の許可を受けていないこと。
> 　3　当該外国人が第70条第1項第1号から第3号の2まで，第5号，第7号，第7号の2又は第8号の2から第8号の4までに掲げる者であること。

ア　不法就労助長行為は，我が国の出入国管理秩序を乱し，社会・経済秩序に悪影響を及ぼすだけではなく，外国人労働者を不当に低い賃金で働かせるなどの人権問題を発生させているところ，その根絶のためには，不法就労者の吸引力になっており，また，不法就労者を就労させることにより経済的利益をあげている者を適切に処罰する必要がある。

しかしながら，従来より，事業主等が，雇用する外国人の在留資格等をあえて確認しなかった場合でも，当該外国人が不法就労者であることを知らなかった旨弁解した場合には，不法就労助長罪の適用が困難になるという問題が生じていた。

この点，新制度において導入される在留カードは適法な在留資格をもって我が国に中長期間在留する者にのみ交付される上，在留カードには，在留資格のほか就労制限の有無が明示され，さらに，資格外活動許可を受けている場合に

は許可の事実及びその概要が記載されることから，事業主等においては，在留カードを確認することにより，雇用等する外国人の就労の可否を極めて容易に判別できるようになる。

第73条の2第2項は，このような在留カード導入による効果を踏まえ，前述した問題に適切に対処するため，事業主等が，雇用等する外国人が不法就労者であることを知らなかったとしても，そのことについて，在留資格の有無等を確認していない等の過失がある場合には処罰を免れないこととしたものである（3年以下の懲役又は300万円以下の罰金〔任意的併科〕）。

イ　事業主等は，過失がないときを除き，次のいずれかに該当することを知らないことを理由としては，不法就労助長罪による処罰を免れることができない。

(i)「当該外国人の活動が当該外国人の在留資格に応じた活動に属しない収入を伴う事業を運営する活動又は報酬を受ける活動であること」（第1号）

例えば，「技術」の在留資格をもって在留する外国人が，「投資・経営」等の在留資格をもって在留する者のみが行うことのできる活動を行って報酬を受ける場合等が該当する。

(ii)「当該外国人が当該外国人の活動を行うに当たり第19条第2項の許可を受けていないこと」（第2号）

例えば，「留学」の在留資格で在留する外国人が，資格外活動許可を受けないでアルバイトを行う場合等が該当する。

(iii)「当該外国人が第70条第1項第1号から第3号の2まで，第5号，第7号，第7号の2又は第8号の2から第8号の4までに掲げる者であること」（第3号）

例えば，外国人が，不法入国者，不法上陸者や不法残留者に該当する場合等が該当する。

(3) 在留カードの偽変造等の行為

> 第73条の3　①　行使の目的で，在留カードを偽造し，又は変造した者は，1年以上10年以下の懲役に処する。
> ②　偽造又は変造の在留カードを行使した者も，前項と同様とする。

> ③ 行使の目的で，偽造又は変造の在留カードを提供し，又は収受した者も，第1項と同様とする。
> ④ 前3項の罪の未遂は，罰する。
> 第73条の4　行使の目的で，偽造又は変造の在留カードを所持した者は，5年以下の懲役又は50万円以下の罰金に処する。
> 第73条の5　第73条の3第1項の犯罪行為の用に供する目的で，器械又は原料を準備した者は，3年以下の懲役又は50万円以下の罰金に処する。

ア　趣　旨

　在留カードは，これを所持する外国人が，適法な在留資格をもって中長期間在留する者であることを証明する公的な文書であり，当該外国人が，就労したり，預金口座を開設したり，携帯電話を契約したり，行政サービスを受けるなどの社会生活のあらゆる場面での使用が予定されている。

　加えて，在留カードについては，その記載内容の正確性が制度的に担保されており，また，我が国に適法に中長期間在留する外国人にしか交付されないことなどから，その有用性は高く，従前の外国人登録証明書以上にその偽変造等が強く懸念される。

　したがって，在留カードの社会的信用を保護する必要性は極めて高く，これを偽変造等する行為は，新たな在留管理制度の根幹を脅かす行為であり，厳正に対処する必要がある。また，在留カードの偽変造行為は，その準備行為，偽変造行為，偽変造の在留カードの販売行為等の一連の行為について，多数の関係者がそれぞれの役割を分担した上，組織的・国際的に敢行することが予想される。

　そこで，これらの各行為について間隙なく処罰できるようにするため，在留カードの偽変造（第73条の3第1項），偽変造の在留カードの行使（同条第2項），偽変造の在留カードの提供・収受（同条第3項）及びこれらの未遂（同条第4項），偽変造の在留カードの所持（第73条の4）及び在留カードの偽変造目的での器械又は原料の準備（第73条の5）について罰則を設けたものである[61]。

> 61)　特別永住者証明書は，これを所持する対象者が特別永住者であることを証明する公的な文書であり，特別永住者が，預金口座を開設したり，携帯電話を契約したり，行政サービスを受けるなどの社会生活のあらゆる場面での使用が予定されており，その社会

的信用性を保護する必要性が極めて高く，偽変造対策については，在留カードと同様に，万全を期する必要がある。

また，特別永住者証明書の偽変造についても，在留カードと同様に，組織的・国際的に，多数の関係者が介在して，偽変造の準備行為，偽変造行為，偽変造された特別永住者証明書の提供等の一連の行為について役割分担して行われるおそれが高いことから，特別永住者証明書の偽変造の準備行為から行使までの間に処罰の間隙を生じさせない必要がある。

そこで，特別永住者証明書の偽変造，偽変造の特別永住者証明書の行使，偽変造の特別永住者証明書の提供・収受及びこれらの未遂（入管特例法第 26 条），偽変造の特別永住者証明書の所持（入管特例法第 27 条），特別永住者証明書の偽変造目的での器械又は原料の準備（入管特例法第 28 条）についても，同様の罰則を設けている（なお，第 3 章 6(1)〔135 頁〕参照。)。

イ　偽変造及び行使

(i)　第 73 条の 3 における「偽造」，「変造」及び「行使」は，いずれも公文書偽造等（刑法第 155 条）におけるこれらの用語と同義である。「行使の目的」とは，偽変造の在留カードを真正なものとして使用する目的のことであって，未必的なもので足りる。

「提供」及び「収受」は，第 74 条の 6 の 2 における「提供」及び「収受」と同義であり，「提供」は情を知る相手方への譲渡し及び貸渡しを意味し，「収受」は譲受け及び借受けを意味する。

(ii)　本条の罪の法定刑は，1 年以上 10 年以下の懲役とされている。

偽造，変造及び行使の各罪の法定刑は，有印公文書偽造及び変造（刑法第 155 条第 1 項，第 2 項）並びに有印偽造公文書行使等（刑法第 158 条第 1 項）の法定刑と同一である。

また，提供及び収受については，法益侵害の危険性が偽変造や行使と同程度であることを考慮し，これらの罪と同様とされたものである。

(iii)　本条の罪については，未遂を罰することとしている。

これは，在留カードの偽変造の準備行為から偽変造，行使に至る一連の行為を的確に処罰し得ることとすることによって在留カードの社会的信頼の保護を図る必要性があることから，処罰の間隙が生じないようにするためである。

ウ　所持

(i)　第 73 条の 4 における「所持」とは，不正電磁的記録カード所持（刑法第 163 条の 3）における所持と同義である。

(ⅱ) 本条の罪の法定刑は，5年以下の懲役又は50万円以下の罰金とされている。

偽変造の在留カードを所持する行為は，直ちにこれを行使することが可能である点で法益侵害の危険性が高い行為ではあるが，行使の前段階の行為にとどまることなどが考慮されたものである。

エ　器械又は原料準備

(ⅰ) 第73条の5は，在留カード偽造の予備的な行為のうち，器械又は原料の準備を処罰する規定である。

「準備」の意義は，通貨偽造準備罪（刑法第153条）や支払用カード電磁的記録不正作出器械原料準備罪（刑法第163条の4第3項）の場合と同じく，在留カードを偽造するための器械・原料を買い入れ，製作するなど，これを利用してその目的を遂行し得べき状態に置くことをいう。

(ⅱ) 本条の罪の法定刑は，その予備的な行為の性格に照らし，3年以下の懲役又は50万円以下の罰金とされている[62]。

---

62) 在留カードの偽変造等の罪（第73条の3ないし第73条の5）は，不正な利益を得る目的で組織的に敢行されることが予想されることから，当該犯罪行為により得られた犯罪収益を没収等する必要がある。
　入管法改正案の国会提出時点において，組織的な犯罪の処罰及び犯罪収益の規制等に関する法律（平成11年法律第136号。以下「組織的犯罪処罰法」という）の改正等を内容とする「犯罪の国際化及び組織化並びに情報処理の高度化に対処するための刑法等の一部を改正する法律（以下「刑法等一部改正法」という。）」案が継続審議中であった。同案では，個別に規定する犯罪以外に，死刑又は無期若しくは長期4年以上の懲役若しくは禁錮の刑が定められている罪を犯罪収益の没収等の対象としていたところ，在留カードの偽変造目的での器械又は原料の準備の罪（第73条の5）の法定刑は3年以下の懲役又は50万円以下の罰金であり，同罪を個別に規定しなければ，刑法等一部改正法による改正後の組織的犯罪処罰法の犯罪収益の没収等の対象とならないことから，同罪を刑法等一部改正法による改正後の組織的犯罪処罰法別表第2に加えることとしていたものである（入管法改正法附則第54条）。特別永住者証明書の偽変造目的での器械又は原料の準備の罪（入管特例法第28条）についても，同じ理由から，組織的犯罪処罰法別表第2に加えることとしていたものである（入管法改正法附則第54条）。
　なお，刑法等一部改正法が成立・施行されるまでの間は，在留カードの偽変造等の罪（第73条の3から第73条の5）を現行の組織的犯罪処罰法別表第26号に掲げる罪に追加しており（入管法改正法附則第55条第2項），同法の犯罪収益の没収等の対象となる。
　特別永住者証明書の偽変造等の罪（入管特例法第26条から第28条）についても，現行の組織的犯罪処罰法別表第26号に掲げる罪とみなすものとしており（入管法改正

法附則第55条第3項），同様に，犯罪収益の没収等の対象となる。

(4) 他人名義の在留カードの行使等の行為

> 第73条の6 ① 次の各号のいずれかに該当する者は，1年以下の懲役又は20万円以下の罰金に処する。
> 1 他人名義の在留カードを行使した者
> 2 行使の目的で，他人名義の在留カードを提供し，収受し，又は所持した者
> 3 行使の目的で，自己名義の在留カードを提供した者
> ② 前項（所持に係る部分を除く。）の罪の未遂は，罰する。

ア 在留カードの不正利用を防止するためには，真正な在留カードを流通に乗せる行為や，他人名義の在留カードを行使する行為を防止する必要がある。

第73条の6は，かかる趣旨から他人名義の在留カードの行使（第1項第1号），他人名義の在留カードの提供，収受及び所持（同項第2号），自己名義の在留カードの提供（同項第3号）並びにこれらの罪（所持に係る部分を除く）の未遂（第2項）について罰則を設けたものである（1年以下の懲役又は20万円以下の罰金[63]）。

これらの罰則規定は，従前の外登法においても同様の規定があったものを新たな在留管理制度の構築に伴い，再構成したものである。

イ 「行使」，「提供」，「収受」及び「所持」の各行為の意義については，前記(3)で記載したとおりである。

「自己名義の在留カード」とは，身分特定事項（氏名，生年月日，写真等）について虚偽の記載その他の不正の行為を行うことなく作成された在留カードをいい，これに該当するもの以外は「他人名義の在留カード」となる。

また，在留カードの不正利用を防止するという立法趣旨から，本条の「在留カード」には失効したもの（第19条の14）も含まれ，その有効・無効は問わない。

---

[63] 真正な特別永住者証明書を流通に乗せる行為や，他人名義の特別永住者証明書を行使する行為を防止する必要があることから，他人名義の特別永住者証明書の行使等の行為についても，同様の罰則を設けている（入管特例法第29条。なお，第3章6(1)〔135頁〕参照）。

(5) 国外犯処罰

> 第74条の7　第73条の2第1項第2号及び第3号，第73条の3から第73条の6まで，第74条の2（本邦内における輸送に係る部分を除く。），第74条の3並びに前3条の罪は，刑法第2条の例に従う。

　第74条の7は，在留カードの偽変造等の行為に係る罪（第73条の3ないし第73条の5）及び他人名義の在留カードの行使等の罪（第73条の6）について，刑法第2条の国外犯処罰の対象としたものである。

　これらの行為は，いずれも外国で外国人によって犯されたとしても，我が国における在留カードに対する社会的信頼を害する危険性を有する行為であり，処罰の必要性がある。また，実際に，これらの犯罪は組織的・国際的に行われることが少なくなく，その一部が国外で行われる可能性も大きい。そこで，これらの行為については，国外犯処罰の対象とした[64]。

> 64)　特別永住者証明書の偽変造等の行為に係る罪（入管特例法第26条ないし第28条）及び他人名義の特別永住者証明書の行使等の罪（同法第29条）についても，国外犯処罰規定が設けられている（同法第30条。なお，第3章6⑴〔135頁〕参照）。

(6) 中長期在留者の在留カードの受領等の義務違反

> 第75条の2　次の各号のいずれかに該当する者は，1年以下の懲役又は20万円以下の罰金に処する。
> 1　第23条第2項の規定に違反して在留カードを受領しなかつた者
> 2　第23条第3項の規定に違反して在留カードの提示を拒んだ者
> 第75条の3　第23条第2項の規定に違反して在留カードを携帯しなかつた者は，20万円以下の罰金に処する。

　中長期在留者には，在留カードの受領・携帯・提示義務（第23条）が課せられている。

　第75条の2は，中長期在留者が，在留カードの受領・提示義務に違反した場合について罰則を科し（1年以下の懲役又は20万円以下の罰金），第75条の3は，中長期在留者が，在留カードの携帯義務に違反した場合について罰則を科している（20万円以下の罰金[65]）。

　これらの罰則規定は，従前の外登法においても同様の規定があったものを，

新たな管理制度の構築に伴って再構成することとしたものである。

65) 上記(1)で述べたとおり，特別永住者証明書の受領・提示義務に違反した場合について，同様の罰則を設けている（入管特例法第31条。なお，第3章6(2)〔136頁〕参照）。

(7) 乗員手帳等携帯義務違反

第76条　次の各号のいずれかに該当する者は，10万円以下の罰金に処する。
1　第23条第1項の規定に違反した者
2　第23条第3項の規定に違反して旅券，乗員手帳又は許可書の提示を拒んだ者
（旅券等の携帯及び提示）
第23条　①　本邦に在留する外国人は，常に旅券（次の各号に掲げる者にあつては，当該各号に定める文書）を携帯していなければならない。ただし，次項の規定により在留カードを携帯する場合は，この限りでない。
　1　仮上陸の許可を受けた者　仮上陸許可書
　2　乗員上陸の許可を受けた者　乗員上陸許可書及び旅券又は乗員手帳
　3　緊急上陸の許可を受けた者　緊急上陸許可書
　4　遭難による上陸の許可を受けた者　遭難による上陸許可書
　5　一時庇護のための上陸の許可を受けた者　一時庇護許可書
　6　仮滞在の許可を受けた者　仮滞在許可書
②　中長期在留者は，法務大臣が交付し，又は市町村の長が返還する在留カードを受領し，常にこれを携帯していなければならない。
③　前2項の外国人は，入国審査官，入国警備官，警察官，海上保安官その他法務省令で定める国又は地方公共団体の職員が，その職務の執行に当たり，これらの規定に規定する旅券，乗員手帳，許可書又は在留カード（以下この条において「旅券等」という。）の提示を求めたときは，これを提示しなければならない。
④　前項に規定する職員は，旅券等の提示を求める場合には，その身分を示す証票を携帯し，請求があるときは，これを提示しなければならない。
⑤　16歳に満たない外国人は，第1項本文及び第2項の規定にかかわらず，旅券等を携帯することを要しない。

　従前，乗員上陸の許可を受けた外国人については，乗員上陸許可書の携帯・提示義務が課せられていたが，乗員上陸許可書には顔写真が貼付されていな

い[66]ことから，乗員上陸許可書を所持する外国人が，乗員上陸の許可を受けた者本人であるか否かを確認することができないという問題が生じていた[67]。

そこで，入管法第23条を改正し，乗員上陸許可書を所持する外国人が，乗員上陸の許可を受けた者であるか否かを即時的に確認するために，乗員上陸許可書に加えて，顔写真が貼付されている旅券又は乗員手帳の携帯・提示義務を課すこととしたものである[68]。

第76条は，かかる義務に違反した場合について罰則を科している（10万円以下の罰金）。

> 66) 1年間，数次にわたって乗員として上陸することを許可した者には数次乗員上陸許可書が交付されるところ，改正前から，この数次の乗員上陸許可書には顔写真が貼付されている。
> 67) 平成20年12月に政府で取りまとめられた「犯罪に強い社会の実現のための行動計画2008」において，水際対策の強化として「航空機及び船舶の乗員で，乗員上陸許可を受けて上陸している者の本人確認をより的確に行うため，旅券又は乗員手帳の携帯の義務付け等について検討を進める」ことが決定された。
> 68) 乗員上陸許可を受けた外国人に対する旅券又は乗員手帳の携帯・提示義務については，平成22年1月1日に施行されている。

(8) 代理人等の届出義務等違反

> 第77条の2　第61条の9の3第2項各号に掲げる者が，同項の規定に違反して，第19条の7第1項，第19条の8第1項，第19条の9第1項若しくは第19条の10第1項の規定による届出，第19条の7第2項（第19条の8第2項及び第19条の9第2項において準用する場合を含む。）の規定により返還され，若しくは第19条の10第2項（第19条の11第3項，第19条の12第2項及び第19条の13第4項において準用する場合を含む。）の規定により交付される在留カードの受領又は第19条の11第1項，第19条の12第1項若しくは第19条の13第3項の規定による申請をしなかつたときは，5万円以下の過料に処する。

第77条の2は，中長期在留者が16歳未満である場合等において，中長期在留者本人に代わって住居地の届出等を履行する義務がある者（第61条の9の3第2項に規定する者）がそれらの義務に違反した場合について過料に処することとしたものである（5万円以下の過料[69]）。

> 69) 特別永住者が16歳未満である場合等において，特別永住者本人に代わって住居地の届出等を履行する義務がある者（入管特例法第18条第4項及び第19条第2項に規

定する者）の義務の履行を担保するため，それらの義務に違反した場合についても同様に過料に処することとしている（同法第33条，第34条。なお，第3章6⑶〔136頁〕参照）。

8 その他

ここでは，これまで述べてきた項目以外のものとして，⑴入国審査官，入国警備官の職務，⑵住民基本台帳制度との関係，⑶送達及び⑷本人の出頭義務と代理制度について，逐条的に解説する。

⑴ 入国審査官，入国警備官の職務

（入国審査官）
第61条の3 ① 入国者収容所及び地方入国管理局に，入国審査官を置く。
② 入国審査官は，次に掲げる事務を行う。
 1 上陸及び退去強制についての審査及び口頭審理並びに出国命令についての審査を行うこと。
 2 第22条の4第2項（第61条の2の8第2項において準用する場合を含む。）の規定による意見の聴取，第22条の4第3項ただし書（第61条の2の8第2項において準用する場合を含む。次条第2項第5号において同じ。）の規定による通知並びに第61条の9の2第4項及び第5項の規定による交付送達を行うこと。
 3 第19条の19第1項，第59条の2第1項及び第61条の2の14第1項に規定する事実の調査を行うこと。
 4 収容令書及び退去強制令書を発付すること。
 5 収容令書又は退去強制令書の発付を受けて収容されている者を仮放免すること。
 6 第55条の3第1項の規定による出国命令をすること。
③ 地方入国管理局に置かれた入国審査官は，必要があるときは，その地方入国管理局の管轄区域外においても，職務を行うことができる。
（入国警備官）
第61条の3の2 ① 入国者収容所及び地方入国管理局に，入国警備官を置く。

> ② 入国警備官は，次に掲げる事務を行う。
> 　1　入国，上陸及び在留に関する違反事件を調査すること。
> 　2　収容令書及び退去強制令書を執行するため，その執行を受ける者を収容し，護送し，及び送還すること。
> 　3　入国者収容所，収容場その他の施設を警備すること。
> 　4　<u>第19条の19第1項に規定する事実の調査を行うこと。</u>
> 　5　<u>第22条の4第3項ただし書の規定による通知並びに第61条の9の2第4項及び第5項の規定による交付送達を行うこと。</u>
> ③　前条第3項の規定は，入国警備官に準用する。
> ④　入国警備官は，国家公務員法（昭和22年法律第120号）の規定の適用については，警察職員とする。
> ⑤　入国警備官の階級は，別に政令で定める。

　第61条の3及び第61条の3の2は，入国審査官，入国警備官の職務権限に関する規定である。

　今回の改正では，中長期在留者に関する情報の継続的な把握を行うための事実の調査に関する規定（第19条の19）が設けられたほか，在留資格取消しに係る通知，送達（第22条の4第3項，第6項，第9項，第61条の9の2）の規定が整備されたことに伴い，第61条の3及び第61条の3の2についても，所要の整備を行ったものである。

(2) 住民基本台帳制度との関係

ア　住民基本台帳法の一部を改正する法律の成立経緯

　従来の制度においては，外国人については住民基本台帳法の適用がなく，そのため，市町村は，事実上，外国人登録を行った外国人を住民として把握し，の情報を各種行政サービス提供の基礎としていた。しかし，外国人登録制度はもともと住民基本台帳制度とは趣旨及び目的を異にするものである上，近時の在留外国人数の著しい増加やその構成の変化に伴い，外国人の居住実態を正確に把握できないという問題も生ずるようになり，市町村の事務に様々な支障をきたしていると指摘されるようになった。このため，市町村からは，外国人登録制度を抜本的に見直し，市町村が外国人住民を正確に把握する制度を構築す

ること,とりわけ,各種行政サービス提供の基盤となる外国人の台帳制度を整備することが強く求められるようになった[70]。

このような中,平成19年6月に閣議決定された規制改革推進のための3か年計画において,「現行の外国人登録制度は,国及び地方公共団体の財政負担を軽減しつつ,市町村が外国人についても住民として正確な情報を保有して,その居住関係を把握する法的根拠を整備する観点から,住民基本台帳制度も参考とし,適法な在留外国人の台帳制度へと改編する。」とされ,遅くとも平成21年通常国会までに関係法案を提出するものとされた[71]。

そして,平成20年4月からは,総務省及び法務省が共同で,「外国人台帳制度に関する懇談会」を開催し,同年12月には,その報告書が公表された。その後,総務省において,同報告書の内容を基本に検討が重ねられた結果,外国人住民を住民基本台帳法の適用対象に加えることなどを内容とする「住民基本台帳法の一部を改正する法律案」が第171回国会に提出され,同21年7月8日,可決・成立し,同月15日,公布された(法律第77号)。

[70] 例えば,平成18年11月の外国人集住都市会議による「よっかいち宣言」では「外国人登録制度における登録内容と実態のかい離を是正し,適切な行政サービスを提供するために,外国人の管理のための制度である外国人登録制度を抜本的に見直し,住民基本台帳制度との一元化を図る」ことが提言され,以後,外国人集住都市会議は,継続して外国人住民の台帳制度の創設を要望していた。また,平成19年11月に,外国人登録事務を担う市町村の任意団体である外国人登録事務協議会全国連合会が法務大臣に提出した要望書でも同様の要請がなされた。
[71] 平成20年3月に出入国管理政策懇談会が法務大臣に提出した報告書「新たな在留管理制度に関する提言」においても,新たな在留管理制度の構築に当たり,市町村において,住民基本台帳制度を参考とした適法な在留外国人の台帳制度を整備する必要性が指摘された。

イ 住民基本台帳法の一部を改正する法律の概要(外国人住民に係る部分に限る)

この法律において,外国人住民は,①中長期在留者,②特別永住者,③一時庇護のための上陸の許可を受けた者又は仮滞在の許可を受けた者,④出生又は日本国籍の喪失により我が国に在留する者で入管法第22条の2第1項の規定により在留することができる者のいずれかで,住所を有するものとされ(住基法第30条の45),外国人住民については,日本人と同様,住民票が作成される(同法第5条,第6条)。外国人住民の住民票には,氏名,生年の年月日,男女の

第2章　新たな在留管理制度の導入に係る措置

別，住所等の基本事項に加え，国民健康保険等の被保険者に関する事項のほか，外国人住民特有の事項として国籍等，在留資格，在留期間等が記載される（同法第30条の45）。

なお，施行日は，新たな在留管理制度の導入に係る措置の施行日と同じ日とされている（改正法附則第1条第1号）。

ウ　住民基本台帳制度との関係

新たな在留管理制度と住民基本台帳制度は，目的を異にする別々の制度であるが，外国人の届出の負担軽減や情報の正確性の確保を図る観点から，それぞれの制度を規定する法律に調整規定を置いている。

(i)　まず，在留管理上の必要性から，中長期在留者及び特別永住者は，住居地を定めた日又は変更後の住居地に移転した日から14日以内に，法務大臣に対し住居地を届け出なければならないこととしたが，市町村においてもこれらの者を住民基本台帳に記録するため，その住所等を把握する必要があるところ，外国人が地方入国管理局と市町村の双方に届出を行わなければならないとすることは外国人の負担となる。そこで，住居地については，市町村の長を経由して法務大臣に届け出ることとした（入管法第19条の7第1項，第19条の8第1項，第19条の9第1項，入管特例法第10条第1項，第2項）。具体的には，これらの外国人は，住居地を市町村の窓口に届け出ることとなり，市町村は，法務大臣に，届け出られた住居地を通知することとなる。そして，この外国人の住居地届出の場面は，通常，住民基本台帳法の転入届又は転居届の場面と重なるため[72]，これらの外国人が，在留カード又は特別永住者証明書を提出して転入届又は転居届をした場合には，入管法又は入管特例法上の住居地の届出とみなすこととして，届出に関し一層の負担軽減を図っている（入管法第19条の7第3項，第19条の8第3項，第19条の9第3項，入管特例法第10条第4項，第5項）。この場合，市町村は，転入届又は転居届に基づいて外国人住民の住民票を作成するとともに，届出に係る住居地を法務大臣に通知することとなる。

[72]　「住居地」と「住所」との関係については，本章3(1)イ(iii)〔36頁〕参照。

(ii)　法務省と市町村の情報のやりとり

（住民票の記載等に係る通知）

> 第61条の8の2　市町村の長は，住民基本台帳法第30条の45に規定する外国人住民に係る住民票について，政令で定める事由により，その記載，消除又は記載の修正をしたときは，直ちにその旨を法務大臣に通知しなければならない。
>
> （参考）住民基本台帳法
> （外国人住民に係る住民票の記載の修正等のための法務大臣からの通知）
> 第30条の50　法務大臣は，入管法及び入管特例法に定める事務を管理し，又は執行するに当たつて，外国人住民についての第7条第1号から第3号までに掲げる事項，国籍等又は第30条の45の表の下欄に掲げる事項に変更があつたこと又は誤りがあることを知つたときは，遅滞なく，その旨を当該外国人住民が記録されている住民基本台帳を備える市町村の市町村長に通知しなければならない。

　入管法及び住民基本台帳法には，このほかにも，法務大臣と市町村の長との間の情報のやりとりについての規定が設けられている（資料9「法定受託事務以外の法務省と市町村の情報のやりとり」〔107頁〕参照）。

　まず，法務大臣からは，外国人本人から氏名，生年月日，性別，国籍等について変更届出があった場合や在留資格の変更の許可，在留期間の更新の許可等によって新たな在留資格や在留期間が決定された場合に，これらの情報を市町村に通知することになる（住基法第30条の50）。これにより，外国人は，これらの情報を改めて市町村に届け出る必要がなくなるほか，市町村においても，これらの情報を外国人住民の住民票に正確に反映することができるようになる。

　次に，この法務大臣から市町村の長への通知を正確に行う観点から，市町村の長が，外国人住民に係る住民票について，政令で定める事由により，記載，消除又は記載の修正をしたときは，その旨を法務大臣に通知することとされている（入管法第61条の8の2）。政令については，今後定められることとなるが，例えば，外国人住民が出生，死亡したことにより，住民票を記載又は消除した場合や，外国人住民が所在不明となり，住民票を職権で消除した場合などは「『記載』，『消除』をしたとき」に，行政区画の変更等により職権で住所の記載を修正した場合には「『記載の修正』をしたとき」に該当するものとして，それぞれ通知を行うことになろう。

　このように，新たな在留管理制度と住民基本台帳制度は，必要な範囲での情

報のやりとりを通じて連携を図っており，一方の制度がうまく機能しなければ，他方の制度もまた機能しなくなるという，いわば車の両輪の関係にある。

(ⅲ) 事務の区分

> (事務の区分)
> 第68条の2　第19条の7第1項及び第2項（第19条の8第2項及び第19条の9第2項において準用する場合を含む。)，第19条の8第1項並びに第19条の9第1項の規定により市町村が処理することとされている事務は，地方自治法第2条第9項第1号に規定する第1号法定受託事務とする。

　改正法により外国人登録制度は廃止されるが，新たな制度においては，法定受託事務も規定されていることから，次に，市町村が行う事務の区分について説明する（資料10「在留カード交付対象者に係る法定受託事務の流れ」〔108頁〕，資料11「特別永住事務の流れ」〔110頁〕，資料12「特別永住者に係る法定受託事務（特別永住事務を除く）の流れ」〔111頁〕参照）。

　従来の外国人登録事務，すなわち，外登法で定められた登録事項について登録を行う事務や外国人登録証明書の発行に係る事務などは，法定受託事務とされていた（外登法第16条の2）。ここでいう法定受託事務とは，「法律又はこれに基づく政令により都道府県，市町村又は特別区が処理することとされる事務のうち，国が本来果たすべき役割に係るものであって，国においてその適正な処理を特に確保する必要があるものとして法律又はこれに基づく政令に特に定めるもの」をいう（地方自治法第2条第9項第1号）。

　新たな在留管理制度においては，在留カードの発行に係る事務は法務大臣が直接行うこととなり，住居地の届出の受理，住居地情報の法務大臣への通知及び在留カードへの住居地の記載に係る事務（入管法第19条の7第1項，第2項，第19条の8第1項，第2項，第19条の9第1項，第2項）だけが，法定受託事務とされている（入管法第68条の2）。

　また，特別永住者については，住居地の届出の受理，住居地情報の法務大臣への通知及び特別永住者証明書への住居地の記載に係る事務（入管特例法第10条第1項から第3項まで）のほか，氏名等特別永住者証明書の記載事項の変更届出や再交付の申請等の受理，それらの法務大臣への通知及び新たな特別永住者

8 その他

資料9　法定受託事務以外の法務省と市町村の情報のやりとり（住民基本台帳制度との関係）

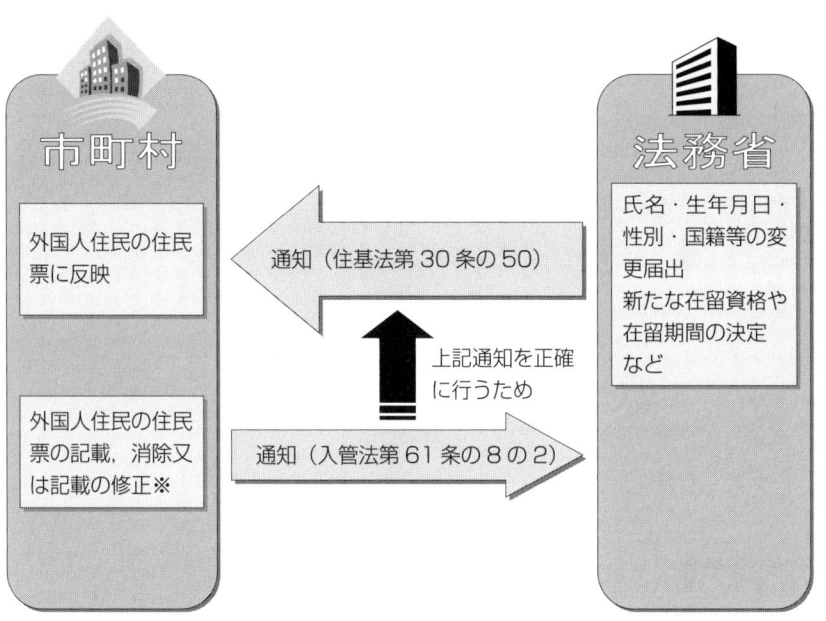

```
市町村                                                           法務省

外国人住民の住民        通知（住基法第30条の50）           氏名・生年月日・
票に反映              ←─────────────              性別・国籍等の変
                                                              更届出
                          ↑                                  新たな在留資格や
                     上記通知を正確                            在留期間の決定
                     に行うため                                など
外国人住民の住民        通知（入管法第61条の8の2）
票の記載，消除又      ─────────────→
は記載の修正※
```

※通知を行うべき住民票の記載，消除又は記載の修正の事由については，政令で定めることとなっているが，例えば，外国人住民が出生・死亡して，住民票を記載・消除した場合などが挙げられる。

（出典：法務省資料）

証明書の交付等に係る事務（同法第7条第2項，第11条，第12条，第13条，第14条第1項，第3項，第4項，第16条第3項）も法定受託事務とされている（入管特例法第24条）。

一方，外国人住民の住民基本台帳制度に係る事務は自治事務となる。

第2章　新たな在留管理制度の導入に係る措置

資料10　在留カード交付対象者に係る法定受託事務の流れ

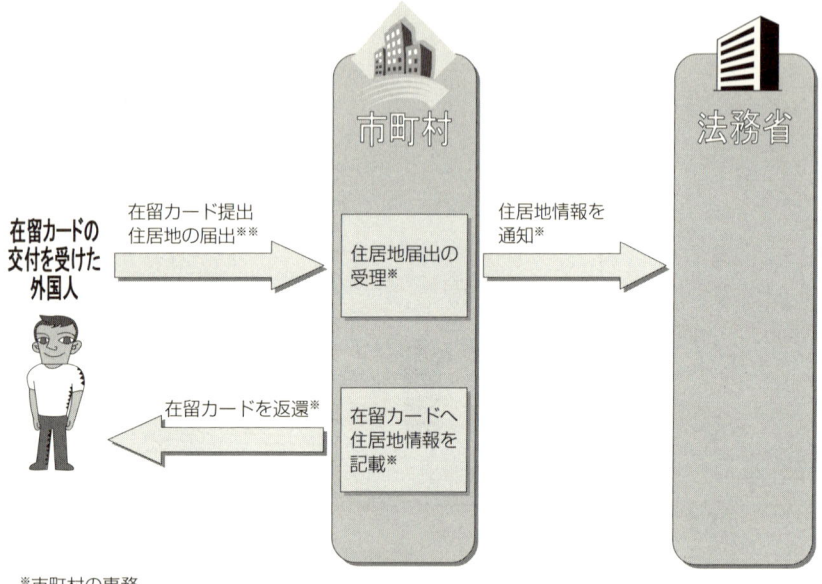

［図：在留カードの交付を受けた外国人→市町村（在留カード提出・住居地の届出※※／住居地届出の受理※／在留カードへ住居地情報を記載※／在留カードを返還※）→法務省（住居地情報を通知※）］

※市町村の事務
※※在留カードを提出して住基法上の転入届又は転居届をした場合は，入管法上の住居地届出とみなす。

（出典：法務省資料）

(3) 送 達

> （送達）
> 第61条の9の2　①　第22条の4第3項又は第6項（第61条の2の8第2項においてこれらの規定を準用する場合を含む。）の規定による書類の送達は，郵便若しくは民間事業者による信書の送達に関する法律（平成14年法律第99号）第2条第6項に規定する一般信書便事業者若しくは同条第9項に規定する特定信書便事業者による同条第2項に規定する信書便（以下「信書便」という。）による送達又は交付送達により，その送達を受けるべき者の住居地に送達して行う。
> ②　通常の取扱いによる郵便又は信書便によつて前項に規定する書類を発送した場合には，その郵便物又は民間事業者による信書の送達に関する法律第2条第3項に規定する信書便物は，通常到達すべきであつた時に送達があつたものと推定

> する。
> ③ 法務大臣は、前項に規定する場合には、その書類の名称、その送達を受けるべき者の氏名、あて先及び発送の年月日を確認するに足りる記録を作成しなければならない。
> ④ 交付送達は、入国審査官又は入国警備官が、第1項の規定により送達すべき場所において、その送達を受けるべき者に書類を交付して行う。ただし、その者に異議がないときは、その他の場所において交付することができる。
> ⑤ 次の各号に掲げる場合には、交付送達は、前項の規定による交付に代え、当該各号に定める行為により行うことができる。
> 1 送達すべき場所において書類の送達を受けるべき者に出会わない場合 同居の者であつて送達を受けるべき者に受領した書類を交付することが期待できるものに書類を交付すること。
> 2 書類の送達を受けるべき者及び前号に規定する者が送達すべき場所にいない場合又はこれらの者が正当な理由がなく書類の受領を拒んだ場合 送達すべき場所に書類を差し置くこと。
> ⑥ 前各項の規定により送達すべき書類について、その送達を受けるべき者の住居地が明らかでない場合には、法務大臣は、その送達に代えて公示送達をすることができる。ただし、第61条の2の8第2項において準用する第22条の4第3項及び第6項の規定による書類の送達については、この限りでない。
> ⑦ 公示送達は、送達すべき書類の名称、その送達を受けるべき者の氏名及び法務大臣がその書類をいつでも送達を受けるべき者に交付する旨を法務省の掲示場に掲示して行う。
> ⑧ 前項の場合において、掲示を始めた日から起算して2週間を経過したときは、書類の送達があつたものとみなす。

ア 趣　旨

第61条の9の2は、入管法の規定に基づき法務大臣が発する書類の送達手続についての一般原則を定めたものである。

今般の改正においては、在留資格取消手続における書類の送達について適用されることとなる。

イ 一般的な送達手続（第1項）

本項は、法務大臣が発する書類の一般的な送達手続として、郵便及び信書便による送達並びに交付送達につき規定したものである。

第2章　新たな在留管理制度の導入に係る措置

資料11　特別永住事務の流れ

※市町村の事務。うち，下線部が新たに加わる市区町村の事務

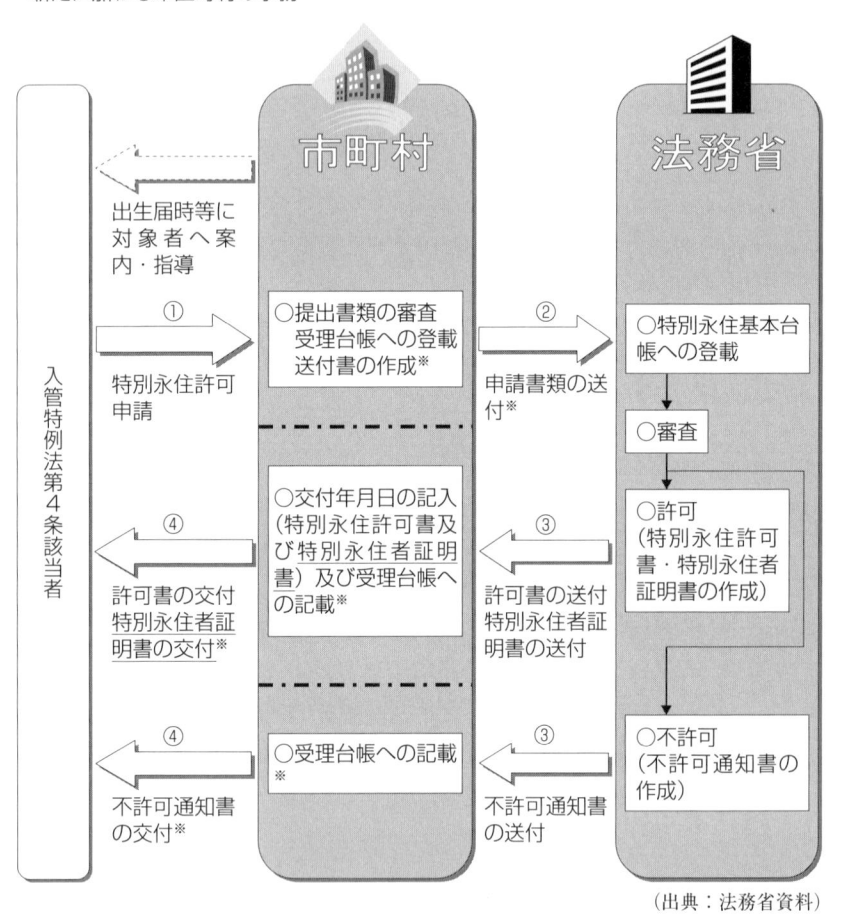

```
                            市町村                              法務省

                    ←──出生届時等に
                       対象者へ案内・指導

入                  ①  ┌─────────┐   ②   ┌─────────┐
管                 ──→ │○提出書類の審査  │ ──→  │○特別永住基本台 │
特    特別永住許可     │ 受理台帳への登載 │ 申請書類 │ 帳への登載    │
例    申請            │ 送付書の作成※  │ の送付※ │           │
法                    └─────────┘        │    ↓       │
第                                          │ ○審査       │
4                                          │    ↓       │
条                 ④  ┌─────────┐   ③   │ ○許可       │
該    許可書の交付  ←── │○交付年月日の記入 │ ←──  │（特別永住許可  │
当    特別永住者証    │（特別永住許可書及 │ 許可書の │ 書・特別永住者  │
者    明書の交付※    │ び特別永住者証明 │ 送付   │ 証明書の作成） │
                    │ 書）及び受理台帳 │ 特別永住者│           │
                    │ への記載※    │ 証明書の │    ↓       │
                    └─────────┘ 送付    │           │
                                          │ ○不許可      │
                   ④  ┌─────────┐   ③   │（不許可通知書の │
      不許可通知書  ←── │○受理台帳への記載 │ ←──  │ 作成）      │
      の交付※        │         ※│ 不許可通知│           │
                    └─────────┘ 書の送付  └─────────┘
```

（出典：法務省資料）

8 その他

資料12 特別永住者に係る法定受託事務（特別永住事務を除く）の流れ

住居地の届出

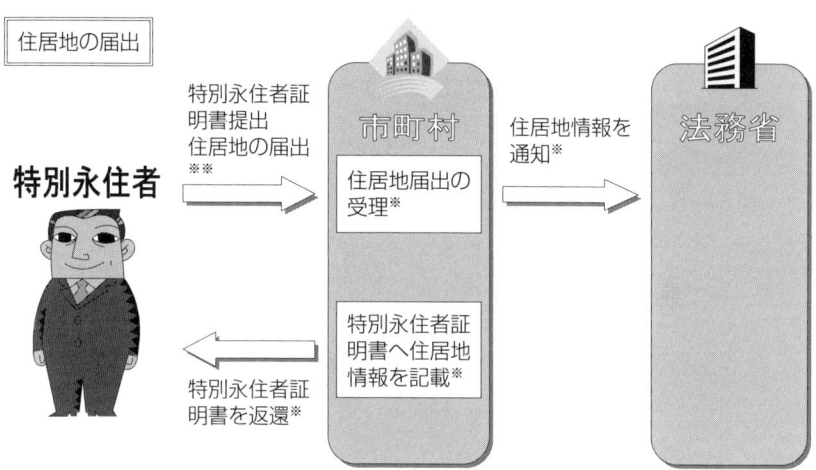

特別永住者 →（特別永住者証明書提出 住居地の届出※※）→ 市町村（住居地届出の受理※）→（住居地情報を通知※）→ 法務省

市町村（特別永住者証明書へ住居地情報を記載※）→（特別永住者証明書を返還※）→ 特別永住者

※市町村の事務
※※特別永住者証明書を提出して住基法上の転入届又は転居届をした場合は，入管特例法上の住居地届出とみなす。

氏名・生年月日・性別・国籍等の変更届出，有効期間の更新申請，紛失等又は汚損等による再交付申請（手続の流れは同じ）

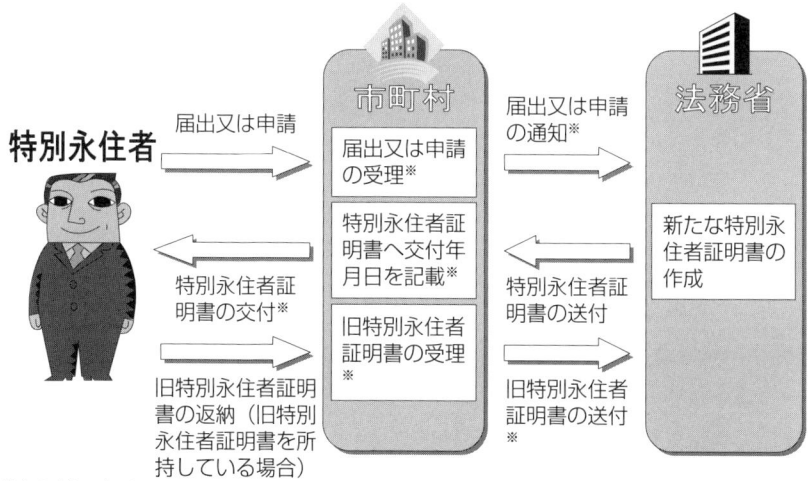

特別永住者 →（届出又は申請）→ 市町村（届出又は申請の受理※）→（届出又は申請の通知※）→ 法務省（新たな特別永住者証明書の作成）

法務省 →（特別永住者証明書の送付）→ 市町村（特別永住者証明書へ交付年月日を記載※）→（特別永住者証明書の交付※）→ 特別永住者

市町村（旧特別永住者証明書の受理※）→（旧特別永住者証明書の送付※）→ 法務省

特別永住者 →（旧特別永住者証明書の返納（旧特別永住者証明書を所持している場合））→ 市町村

※市町村の事務

（出典：法務省資料）

書類を送達すべき場所は，原則として，その送達を受けるべき者の住居地である。

住居地とは，本邦における主たる住居の所在地である（第19条の4第1項第2号）73)。

ウ 送達の推定（第2項）

「通常の取扱いによる郵便」とは，郵便法第44条の規定により特殊取扱いとされる郵便（書留，引受時刻証明，配達証明，内容証明等）以外のもの及び特殊取扱いのうち速達の取扱いによる郵便をいう。

通常の取扱いによる郵便又は信書便で発送した場合には，その事実のある限り，通常到達すべきであった時に送達があったものと推定される。

これは推定であるから，その時より遅く送達があったとか，送達の事実がなかったという反証があれば，推定は覆される。

エ 発付確認（第3項）

前項の送達の推定を受ける書類，すなわち通常の取扱いによる郵便又は信書便で発送した書類については，その推定が有効にできるようにするため，書類の発送の確認ができるように記録しておかなければならない。

この発付確認を要するのは，通常の取扱いによる郵便又は信書便による場合だけであり，書留郵便や配達証明郵便等により発送した場合には，差出人である入管局側に郵便物等の引受書が交付され，日本郵便等において郵便物等の引受けから配達に至るまでの記録が作成されることから，第2項の規定を適用する必要がないため，発付確認は要しない。

オ 交付送達（第4項，第5項）

交付送達は，入国審査官又は入国警備官が送達を受けるべき者に対して書類を直接交付するものである。

交付送達の場所は，住居地を原則とする（第4項本文）が，以下の例外がある。

(i) 出会送達（第4項ただし書）

送達を受けるべき者に異議がないときは，出会った場所その他住居地以外の場所で交付することができる。

(ii) 補充送達（第5項第1号）

交付送達は，送達を受けるべき者に書類を交付して行うのが原則であるが，

送達すべき場所において書類の送達を受けるべき者に出会わないときは、同居の者[74]で送達を受けるべき者に受領した書類を交付することが期待できるもの[75]に交付して行うことができる。

(iii) 差置送達（第5項第2号）

交付送達は、書類の送達を受けるべき者又は補充送達を受ける者が送達の場所にいないとき、又はこれらの者があて名の誤記等の正当な理由なく書類の受領を拒んだときは、その書類を送達すべき場所（その建物の玄関内、郵便受箱等）に差し置くことにより行うことができる。

力　公示送達（第6項ないし第8項）

前記の書類の送達の一般原則の例外として、送達を受けるべき者の住居地が明らかでない場合には、送達の実施が不可能又はこれに近いといえるところ、補充的な送達の方法として、通常の送達に代えて公告をし、一定期間の経過とともに、送達があったものとみなすこととしている（第6項）。

書類の送達を受けるべき者の住居地が明らかでない場合とは、送達を受けるべき者について、書面調査、実態調査等をしても、なお住居地が不明である場合をいう。調査をすれば住居地が判明すべきであったにもかかわらず、単に一回限りの郵便送達により書類があて先不明で戻されてきたこと等を理由として、所要の調査をせず、直ちに住居地が不明であるとして公示送達をしても、公示送達の効力は生じない。もっとも、送達を受けるべき者の住居地が明らかでない場合とは、およそ考えうるあらゆる方法による調査をすべて尽くしてもその者の住居地が判明しない場合を言うのではなく、具体的事案との関係において通常期待しうべき方法による調査を実施しても、送達を受けるべき者の住居地が明らかでない場合をいう。

公示送達の方法としては、送達すべき書類の名称、送達を受けるべき者の氏名及び法務大臣がその書類をいつでも送達を受けるべき者に交付する旨を法務省の掲示場に掲示して行われる（第7項）。

公示送達は、掲示を始めた日から起算して2週間を経過したときに書類を送達したとの効力が生ずる（第8項）。この期間は不変期間であり、その末日が休日等に該当しても延期されない。

公示送達のための掲示書が送達の効力発生前に破れたり、はがれたりしても、

そのために公示送達の効力に影響を及ぼすものではない。

73) 中長期在留者は，住居地を定めた日又は新住居地に移転した日から14日以内に，市町村の長を経由して，法務大臣に対し，住居地を届け出ることとされているため（第19条の7ないし第19条の9），法務大臣において中長期在留者の住居地について最新の情報を把握していることが予定されている。
74) 親族又は生計を一にしている者であることを要しない。
75) 「相当のわきまえのあるもの」（国税通則法第12条第5項第1号，民事訴訟法106第1項，第2項）と同義である。

⑷ 本人の出頭義務と代理制度

（本人の出頭義務と代理人による届出等）
第61条の9の3　① 外国人が次の各号に掲げる行為をするときは，それぞれ当該各号に定める場所に自ら出頭して行わなければならない。
1 　第19条の7第1項，第19条の8第1項若しくは第19条の9第1項の規定による届出又は第19条の7第2項（第19条の8第2項及び第19条の9第2項において準用する場合を含む。）の規定により返還される在留カードの受領　住居地の市町村の事務所
2 　第19条の10第1項の規定による届出，第19条の11第1項若しくは第2項，第19条の12第1項若しくは第19条の13第1項若しくは第3項の規定による申請又は第19条の10第2項（第19条の11第3項，第19条の12第2項及び第19条の13第4項において準用する場合を含む。）の規定により交付される在留カードの受領　地方入国管理局
3 　第20条第2項，第21条第2項，第22条第1項（第22条の2第4項（第22条の3において準用する場合を含む。）において準用する場合を含む。）若しくは第22条の2第2項（第22条の3において準用する場合を含む。）の規定による申請又は第20条第4項第1号（第21条第4項及び第22条の2第3項（第22条の3において準用する場合を含む。）において準用する場合を含む。），第22条第3項（第22条の2第4項（第22条の3において準用する場合を含む。）において準用する場合を含む。），第50条第3項若しくは第61条の2の2第3項第1号の規定により交付される在留カードの受領　地方入国管理局
② 外国人が16歳に満たない場合又は疾病その他の事由により自ら前項第1号又は第2号に掲げる行為をすることができない場合には，当該行為は，次の各号に掲げる者（16歳に満たない者を除く。）であつて当該外国人と同居するものが，

> 当該各号の順位により，当該外国人に代わつてしなければならない。
> 　1　配偶者
> 　2　子
> 　3　父又は母
> 　4　前3号に掲げる者以外の親族
> ③　第1項第1号及び第2号に掲げる行為については，前項に規定する場合のほか，同項各号に掲げる者（16歳に満たない者を除く。）であつて外国人と同居するものが当該外国人の依頼により当該外国人に代わつてする場合その他法務省令で定める場合には，第1項の規定にかかわらず，当該外国人が自ら出頭してこれを行うことを要しない。
> ④　第1項第3号に掲げる行為については，外国人の法定代理人が当該外国人に代わつてする場合その他法務省令で定める場合には，同項の規定にかかわらず，当該外国人が自ら出頭してこれを行うことを要しない。

　ア　第61条の9の3は，新たな在留管理制度の創設により，外国人が直接法務大臣に対して届け出るべき事項が拡充されたことに伴い，届出，申請及び在留カードの受領について，本人出頭の原則を明らかにするとともに，代理人による届出等の規定を整備したものである。

　イ　まず，①住居地の届出（第19条の7第1項，第19条の8第1項，第19条の9第1項）及び当該届出に伴って市町村から返還される在留カードの受領（第19条の7第2項，第19条の8第2項，第19条の9第2項），②住居地以外の在留カードの記載事項の変更届出（第19条の10第1項），在留に係る許可を伴わない在留カードの交付の申請（第19条の11第1項，第2項，第19条の12第1項，第19条の13第1項，第3項）[76]及びこれらの届出又は申請に伴い交付される在留カードの受領（第19条の10第2項，第19条の11第3項，第19条の12第2項，第19条の13第4項），③在留に係る許可の申請（第20条第2項，第21条第2項，第22条第1項，第22の2第4項，第22条の3）[77]及び在留に係る許可に伴い交付される在留カードの受領（第20条第4項第1号，第21条第4項，第22条第3項，第22条の2第3項，第4項，第22条の3，第50条第3項，第61条の2の2第3項第1号）[78]の各場面においては，中長期在留者自らが出頭して行うことが原則である（第61条の9の3第1項）。中長期在留者は，①の場合には，住居地の市町村の事務所に，②及び③の場合には地方入国管理局に出頭することになる。

ウ もっとも，①及び②の行為については，外国人が16歳に満たない場合や疾病等の理由により自ら出頭することができない場合には，当該外国人と同居する配偶者，子，父又は母，その他の親族が，その順位に従って，当該外国人に代わってしなければならない（第61条の9の3第2項）。

一方，①，②のいずれの行為についても，外国人と同居する16歳以上の親族が当該外国人の依頼により当該外国人に代わって届出等を行う場合その他法務省令で定められた場合には，当該外国人の出頭義務が免除される（第61条の9の3第3項）。ここで「法務省令で定める場合」としては，住居地の変更届出と一緒に行うことになる住民基本台帳法の転入届を行うことができる者[79]や，地方入国管理局長が相当と認める場合に，受入れ機関等の職員や弁護士，行政書士が中長期在留者に代わって届け出る場合を予定している。

また，③の行為についても，外国人の法定代理人が代わって申請等を行う場合その他法務省令で定める場合には，外国人の出頭義務が免除される（第61条の9の3第4項）。ここで「法務省令で定める場合」としては，例えば，在留に係る許可の申請において，地方入国管理局長が相当と認める場合に，受入れ機関等の職員や弁護士，行政書士が，中長期在留者に代わって申請書等の提出等を行い，許可に伴って在留カードを受領する場合等を予定している。

76) 具体的には，在留カードの有効期間の更新申請（第19条の11），在留カードの再交付申請（第19条の12，第19条の13）である。

77) 具体的には，在留資格の変更申請（第20条），在留期間の更新申請（第21条）等の申請である。

78) 具体的には，注77の申請に対する許可のほか，在留特別許可（第50条），難民の認定に伴う在留資格に係る許可（第61条の2の2）である。

79) 住民基本台帳法第27条第3項は，「前項の場合において，市町村長は，現に届出の任に当たつている者が，届出をする者の代理人であるときその他届出をする者と異なるものであるとき（現に届出の任に当たつている者が届出をする者と同一の世帯に属する者であるときを除く。）は，当該届出の任に当たつている者に対し，総務省令で定めるところにより，届出をする者の依頼により又は法令の規定により当該届出の任に当たるものであることを明らかにするために必要な事項を示す書類の提示若しくは提出又は当該事項についての説明を求めるものとする。」（傍点筆者）と規定し，本人以外の者が代理人又は使者として届出を行うことを広く認めている。

第3章
特別永住者に係る措置（改正入管特例法）

1 総論

　特別永住者は，日本国との平和条約の発効により日本の国籍を離脱した者で戦前から引き続き日本に在留しているもの及びその子孫であって（入管特例法第2条），いわゆるニューカマーといわれる外国人に比べ，我が国における定着性が強い。それゆえ，特別永住者については，従来の外国人登録制度や在留管理制度において，正確な情報把握の観点から大きな問題があるとは指摘されてこなかった[1]。

　そこで，今回の法改正において，特別永住者については，新たな在留管理制度の対象とはせず，基本的には，現行制度を実質的に維持しつつも，利便性向上の観点から，制度の見直しを行っている。すなわち，外国人登録制度の廃止に伴い，現在特別永住者に交付されている外国人登録証明書に替わり，法務大臣が特別永住者証明書を交付することとし，特別永住者証明書の記載事項の変更や紛失等による再交付等に係る手続は，従来どおり，市町村の窓口で行うこととしている。また，特別永住者証明書の記載事項を，外国人登録証明書と比べて大幅に削減したり，再入国許可制度の見直しを行ったりしている。

　なお，住民基本台帳法の一部を改正する法律によって新たに住民基本台帳制度の対象とされる外国人住民には，特別永住者も含まれている（住基法第30条の45）。

　　1）　平成19年7月に，犯罪対策閣僚会議に報告された「外国人の在留管理に関するワーキングチームの検討結果」（第2章注11〔18頁〕参照）において，特別永住者は検討対象としないとされているほか，平成20年3月に出入国管理政策懇談会から法務大臣に提出された報告書「新たな在留管理制度に関する提言」においても，特別永住者は新

第3章 特別永住者に係る措置

たな在留管理制度の対象外とされている。

2 特別永住者証明書（資料13「特別永住者証明書のイメージ図」〔120頁〕参照）

(1) 総　論

> （特別永住者証明書の交付）
> 第7条　① 法務大臣は，特別永住者に対し，特別永住者証明書を交付するものとする。
> ② 法務大臣は，第4条第1項の許可をしたときは，居住地の市町村の長を経由して，当該特別永住者に対し，特別永住者証明書を交付する。
> ③ 法務大臣は，第5条第1項の許可をしたときは，入国審査官に，当該特別永住者に対し，特別永住者証明書を交付させる。

　新たな在留管理制度の構築に伴い，外国人登録法が廃止され，外国人登録証明書も廃止されることになるが，現在特別永住者に交付されている外国人登録証明書は，特別永住者の法的地位等を証明するものとして，生活の様々な場面で重要な役割を果たしている。そこで，外国人登録証明書に替わり，法務大臣が，特別永住者の法的地位や，氏名等の基本的身分特定事項，住居地を明らかにする証明書[2]として，特別永住者証明書を交付することとした（入管特例法第7条第1項）。

　特別永住者証明書は，特別永住許可に際し，特別永住者に交付される（第7条第2項，第3項）[3]。なお，国会における審議の過程で，特別永住者については，旅券及び特別永住者証明書の携帯義務に係る規定が削除された[4][5]。

　　2)　特別永住許可書（入管特例法第6条参照）は，その交付が入管特例法第4条第1項及び第5条第1項の特別永住許可の要式行為となるものであって，特別永住者証明書とは法的性格を異にする。特別永住許可書の交付と特別永住者証明書の交付との関係は，第4条第1項又は第5条第1項の特別永住許可の要式行為として特別永住許可書が交付され，特別永住許可の効力が発生して，その者が特別永住者となったことで，初めてその法的地位等を証明する特別永住者証明書が交付されるというものである。
　　3)　特別永住者証明書は，法定特別永住者（入管特例法第3条）にも交付される（第7条第1項）が，法定特別永住者は，入管特例法が施行された平成3年当時，既に本邦に在留しており，施行により自動的に特別永住者の資格を付与された者であることから，

2　特別永住者証明書

第4条第1項又は第5条第1項に規定する者の場合のように，入管特例法の施行後，特別永住許可の手続により特別永住者となり，特別永住者証明書が交付されるという場面は想定されない。

　法定特別永住者は，外国人登録制度の対象者であり，通常，登録を行って外国人登録証明書を所持しているため，附則の規定により，その所持する外国人登録証明書を特別永住者証明書とみなした上で，法で義務付けられた届出又は申請等によって，特別永住者証明書へ切り替えていくこととなる（第11条第1項，第12条第1項，第2項，第13条第1項，第14条第1項から第3項まで，改正法附則第29条第1項）。また，法定特別永住者が外国人登録を行っていない場合には，入管特例法の施行後に，特別永住者証明書の交付の申請をしなければならない（改正法附則第31条第1項）。

4）　この点について，衆議院法務委員会における修正提案者は，「現時点においては，特別永住者について，特別永住者証明書及び旅券の常時携帯義務を課す必要性が完全に否定されているわけではございません。しかしながら，特別永住者については，その歴史的経緯及び我が国における定着性にかんがみ，特段の配慮が必要であります。また，平成11年の外登法の改正における全会一致の附帯決議において，特に特別永住者に係る外国人登録証明書の常時携帯義務についての見直しが求められているところでございました。他方，特別永住者証明書の常時携帯義務を削除した場合に，特別永住者への成り済ましの危険性があるとの指摘については，当該外国人の身分関係，在留資格の有無等について迅速に把握する運用を徹底することにより対応することが可能ではないかと考えておるところでございます。したがって，今回の法改正において，特別永住者証明書及び特別永住者に係る旅券の常時携帯義務規定を削除することとしたものでございます。」旨答弁している（平成21年6月19日衆議院法務委員会における修正提案者答弁）。

（参考）平成11年外国人登録法の改正における附帯決議
○衆議院法務委員会における附帯決議
　「外国人登録証明書の常時携帯義務の必要性，合理性について十分な検証を行い，同制度の抜本的な見直しを検討すること。とりわけ特別永住者に対しては，その歴史的経緯等が十分考慮されなければならない。」
○参議院法務委員会における附帯決議
　「永住者に外国人登録証の常時携帯を義務付ける必要性，合理性について十分な検証を行い，同制度の抜本的な見直しを検討すること。とりわけ特別永住者に対しては，その歴史的経緯等が十分考慮されなければならない。」

5）　不法滞在者が多数存在する状況においては，本邦に在留する特別永住者についても，他の外国人と同様に，その身分関係等を即時的に把握する必要が生じる場合があることから，特別永住者に特別永住者証明書の提示義務を課している。

　特別永住者が特別永住者証明書を携帯していない場合であっても，この必要性は変わるものではなく，また，特別永住者が特別永住者証明書を取り寄せ，又は，同証明書が保管されている場所まで赴くなどして提示することが可能であることから，提示義務は課せられている（入管特例法第17条第2項）。

　特別永住者証明書の提示拒否罪（入管特例法第31条第4号）が成立するのは，入管特例法第17条第2項に規定する者から特別永住者証明書の提示を求められたにもかかわらず，特別永住者証明書の提示を拒否する旨の意思を外形的に明らかにしたような場合や，合理的期間内に敢えてその提示をしないような場合等，その意思をもってその提示

第3章　特別永住者に係る措置

資料13　特別永住者証明書のイメージ図

（表面）

| 日本国政府 GOVERNMENT OF JAPAN | 特別永住者証明書 SPECIAL PERMANENT RESIDENT CERTIFICATE | 番号 No. |

氏名
NAME

生年月日　　年　月　日　　性別
DATE OF BIRTH　Y　M　D　　SEX

国籍・地域
NATIONALITY/REGION

住居地
ADDRESS

（顔写真）

この証明書は　　年　月　日まで有効です。
PERIOD OF VALIDITY OF THIS CARD

法務大臣　職印

（裏面）

住居地記載欄

届出年月日	住居地	記載者印

交付年月日　　年　月　日

（出典：法務省資料）

2 特別永住者証明書

を拒んだと言える場合であり，従前の外国人登録証の提示義務違反に係る罪の成立範囲や成立時期と違いはない。

　この合理的期間は，具体的事案における個別の事情に応じて判断されることになるが，その事情の例としては，特別永住者証明書の提示を求めた場所とその保管場所との位置関係，提示の支障の有無及び程度，提示を求める必要性・緊急性の程度，当該特別永住者の身分関係等の把握が可能な他の代替的な手段や文書の有無等が考えられる。

(2) 記載事項等

(特別永住者証明書の記載事項等)
第8条　①　特別永住者証明書の記載事項は，次に掲げる事項とする。ただし，その交付を受ける特別永住者に住居地（本邦における主たる住居の所在地をいう。以下同じ。）がないときは，第2号に掲げる事項を記載することを要しない。
　1　氏名，生年月日，性別及び国籍の属する国又は入管法第2条第5号ロに規定する地域
　2　住居地
　3　特別永住者証明書の番号，交付年月日及び有効期間の満了の日
②　前項第3号の特別永住者証明書の番号は，法務省令で定めるところにより，特別永住者証明書の交付（再交付を含む。）ごとに異なる番号を定めるものとする。
③　特別永住者証明書には，法務省令で定めるところにより，特別永住者の写真を表示するものとする。この場合において，法務大臣は，法務省令で定める法令の規定により当該特別永住者から提供された写真を利用することができる。
④　前3項に規定するもののほか，特別永住者証明書の様式，特別永住者証明書に表示すべきものその他特別永住者証明書について必要な事項は，法務省令で定める。
⑤　法務大臣は，法務省令で定めるところにより，第1項各号に掲げる事項及び前2項の規定により表示されるものについて，その全部又は一部を，特別永住者証明書に電磁的方式（電子的方式，磁気的方式その他人の知覚によっては認識することができない方式をいう。）により記録することができる。

ア　概要

　特別永住者証明書の記載事項については，個人情報保護の観点から，これを必要最小限のものにしており，外国人登録証明書の記載事項（外登法第5条第1

項，第4条第1項）と比べ大幅に削減されている。具体的には，国籍の属する国における住所又は居所，出生地，旅券番号，旅券発行の年月日，在留の資格，世帯主の氏名，世帯主との続柄，署名が削除された。

イ　氏名，生年月日，性別及び国籍の属する国又は入管法第2条第5号ロに規定する地域（第1項第1号）

特別永住者の基本的身分特定事項を記載事項としたものである。具体的には第2章3(1)イ(ii)（36頁）を参照。

ウ　住居地（第1項第2号）

住居地の意義等については，第2章3(1)イ(iii)（36頁）を参照。なお，特別永住者証明書を交付する際，その特別永住者に住居地がない場合には，住居地を記載する必要はない（第1項ただし書）。

エ　特別永住者証明書の番号，交付年月日及び有効期間の満了の日（第1項第3号）

特別永住者証明書の番号についても，在留カードと同様，その交付ごとに異なる番号を定めるものとされている（第2項）。

オ　写　真（第3項）

特別永住者証明書には，写真が表示される。ただし，16歳以上に限る。

なお，特別永住者証明書の円滑な発行等の観点から，この写真について，特別永住許可の申請時に提供される写真を利用することができるようにするため，その旨規定されている（第3項後段）。

カ　特別永住者証明書の様式，特別永住者証明書に表示すべきものその他特別永住者証明書について必要な事項（第4項）

具体的には，特別永住者証明書の形状や記載欄の様式，発行者である法務大臣の名称や公印の印影などが法務省令で定められることとなる。

キ　電磁的方式による記録（第5項）

在留カードと同様，特別永住者証明書にも，偽変造防止のため，ICチップが搭載され，法務省令で定めるところにより，券面に記載又は表示されるものの全部又は一部が記録される。

2　特別永住者証明書

(3) 有効期間

(特別永住者証明書の有効期間)
第9条　特別永住者証明書の有効期間は，その交付を受ける特別永住者に係る次の各号に掲げる区分に応じ，当該各号に定める日が経過するまでの期間とする。
1　特別永住者証明書の交付の日に16歳に満たない者（第12条第3項において準用する第11条第2項の規定により特別永住者証明書の交付を受ける者を除く。）　16歳の誕生日（当該特別永住者の誕生日が2月29日であるときは，当該特別永住者のうるう年以外の年における誕生日は2月28日であるものとみなす。以下同じ。）
2　前号に掲げる者以外の者　第11条第1項の規定による届出又は第13条第1項若しくは第14条第1項若しくは第3項の規定による申請に係る特別永住者証明書にあっては当該届出又は申請の日後の7回目の誕生日，第12条第1項又は第2項の規定による申請に係る特別永住者証明書にあっては当該申請をした者がその時に所持していた特別永住者証明書の有効期間の満了の日後の7回目の誕生日

(特別永住者証明書の有効期間の更新)
第12条　①　特別永住者証明書の交付を受けた特別永住者は，当該特別永住者証明書の有効期間の満了の日の2月前（有効期間の満了の日が当該特別永住者の16歳の誕生日とされているときは，6月前）から有効期間が満了する日までの間（次項において「更新期間」という。）に，法務省令で定める手続により，居住地の市町村の長を経由して，法務大臣に対し，特別永住者証明書の有効期間の更新を申請しなければならない。
②　やむを得ない理由のため更新期間内に前項の規定による申請をすることが困難であると予想される者は，法務省令で定める手続により，更新期間前においても，居住地の市町村の長を経由して，法務大臣に対し，特別永住者証明書の有効期間の更新を申請することができる。
③　前条第2項及び第3項の規定は，前2項の規定による申請があった場合に準用する。

ア　特別永住者証明書の有効期間（第9条）

(i)　第9条は，特別永住者証明書の有効期間を定めたものである。

外国人登録証明書には有効期間というものはないが，切替交付（外登法第11

条)の制度があり，登録内容を定期的に点検して，誤りや事実との不一致が生じていることを発見したときは，速やかにこれを是正することとしていた。特別永住者に係る新たな制度においても，これと同様の制度を設けることとし，特別永住者証明書に有効期間を設定し，有効期間が満了する前に，特別永住者に有効期間の更新の申請を行わせ，特別永住者証明書の記載事項に誤りや事実との不一致が生じていないかどうかを確認する（その際，写真の提供を受けて新たな特別永住者証明書に表示する）こととしている。

(ii) 交付の際に16歳未満の者（有効期間の更新の申請を行い，新たな特別永住者証明書の交付を受ける者を除く）に交付される特別永住者証明書の有効期間は，16歳の誕生日までとしている（第9条第1号）。

上記以外の者に交付される特別永住者証明書の有効期間は，その交付に係る申請又は届出をした日（有効期限の更新に伴う交付の場合は，旧有効期間の満了の日）の後の7回目の誕生日までとしている（同条第2号）。

イ 特別永住者証明書の有効期間の更新（第12条）

特別永住者は，特別永住者証明書の有効期間の満了の日の2月前（有効期間の満了の日が16歳の誕生日であるときは，6月前[6]）から有効期間が満了する日までの間（「更新期間」）に，居住地の市町村の長を経由して[7]，法務大臣に，有効期間の更新を申請しなければならない（第1項）。

長期の病気療養や海外への長期出張等のやむを得ない理由により，更新期間内に特別永住者証明書の有効期間の更新を申請することが困難である場合には，更新期間前でも，特別永住者証明書の有効期間の更新を申請することができる（第2項）。

特別永住者証明書の有効期間の更新申請があった場合[8]，法務大臣は，市町村の長を経由して，特別永住者に対し，新たな特別永住者証明書を交付する。交付の際，市町村の長は，特別永住者証明書に交付年月日を記載する（第3項，第11条第2項，第3項）。

> 6) これは，16歳に満たない永住者以外の中長期在留者であって在留期間の満了の日の直後に16歳の誕生日を迎える者について，在留期間の更新許可等により在留カードの交付を受けた直後に再び在留カードの有効期間の更新を申請しなければならなくなる負担を避け，在留期間の更新申請等と同時に在留カードの有効期間の更新申請を行うことを可能とするため，6月前としたこととの平仄から，16歳に満たない特別永住者の特

別永住者証明書の有効期間の更新申請についても，同様の取扱いをすることとしたものである。
7) 「居住地」とは，人が主として日常生活を営むために居住している場所であって，住所及び居所に加え現在地も含むとされ，住居地（本邦における主たる住居の所在地）よりも広い概念である。申請先を「居住地」の市町村としたのは，特別永住者については，住居地がない場合でも，申請を受けて新たな特別永住者証明書を交付することができるよう配慮する必要があるからである。第11条第1項による住居地以外の記載事項の変更届出，第13条及び第14条による特別永住者証明書の再交付の申請並びに第16条第3項による特別永住者証明書の返納についても同様である。
8) 16歳以上の者からは，申請の際に，新たな写真の提出を受けることとなる。

(4) 再 交 付

（紛失等による特別永住者証明書の再交付）
第13条 ① 特別永住者証明書の交付を受けた特別永住者は，紛失，盗難，滅失その他の事由により特別永住者証明書の所持を失ったときは，その事実を知った日（本邦から出国している間に当該事実を知った場合にあっては，その後最初に入国した日）から14日以内に，法務省令で定める手続により，居住地の市町村の長を経由して，法務大臣に対し，特別永住者証明書の再交付を申請しなければならない。
② 第11条第2項及び第3項の規定は，前項の規定による申請があった場合に準用する。

（汚損等による特別永住者証明書の再交付）
第14条 ① 特別永住者証明書の交付を受けた特別永住者は，当該特別永住者証明書が著しく毀損し，若しくは汚損し，又は第8条第5項の規定による記録が毀損したとき（以下この項において「毀損等の場合」という。）は，法務省令で定める手続により，居住地の市町村の長を経由して，法務大臣に対し，特別永住者証明書の再交付を申請することができる。特別永住者証明書の交付を受けた特別永住者が，毀損等の場合以外の場合であって特別永住者証明書の交換を希望するとき（正当な理由がないと認められるときを除く。）も，同様とする。
② 法務大臣は，著しく毀損し，若しくは汚損し，又は第8条第5項の規定による記録が毀損した特別永住者証明書を所持する特別永住者に対し，特別永住者証明書の再交付を申請することを命ずることができる。
③ 前項の規定による命令を受けた特別永住者は，当該命令を受けた日から14日以内に，法務省令で定める手続により，居住地の市町村の長を経由して，法務大臣に対し，特別永住者証明書の再交付を申請しなければならない。

第3章　特別永住者に係る措置

> ④　第11条第2項及び第3項の規定は，第1項又は前項の規定による申請があった場合に準用する。
> ⑤　特別永住者は，第1項後段の規定による申請に基づき前項において準用する第11条第2項の規定により特別永住者証明書の交付を受けるときは，実費を勘案して政令で定める額の手数料を納付しなければならない。

　入管特例法第13条及び第14条は，特別永住者証明書の再交付について規定したものである。

　すなわち，外国人登録制度における外国人登録証明書の再交付（外登法第7条），引替交付（第6条）につき，特別永住者に係る新たな制度においても維持する趣旨で，紛失等による再交付（入管特例法第13条）[9]，汚損等による再交付（第14条）の制度を設けている。また，在留カードと同様，特別永住者は，特別永住者証明書が毀損等した場合でなくても，正当な理由がない場合を除き，実費を勘案して政令で定める手数料を納付した上で，再交付の申請をすることができる（第14条第1項後段，第5項。第2章3⑴オ(ii)〔48頁〕参照）。

　いずれの場合も，特別永住者は，居住地の市町村の長を経由して，法務大臣に再交付の申請を行う。法務大臣は，居住地の市町村の長を経由して，新たな特別永住者証明書を交付し，交付の際，市町村の長は，特別永住者証明書に交付年月日を記載する（第13条第2項，第14条第4項，第11条第2項，第3項）。

---

[9]　「その他の事由により特別永住者証明書の所持を失ったとき」とは，例えば，特別永住者証明書を他人に売却した場合など，広く特別永住者証明書を所持しなくなった場合がこれに当たる。

⑸　失効及び返納

> （特別永住者証明書の失効）
> 第15条　特別永住者証明書は，次の各号のいずれかに該当する場合には，その効力を失う。
> 　1　特別永住者証明書の交付を受けた特別永住者が特別永住者でなくなったとき。
> 　2　特別永住者証明書の有効期間が満了したとき。
> 　3　特別永住者証明書の交付を受けた特別永住者（入管法第26条第1項の規定により再入国の許可を受けている者（第23条第2項において準用する入管法第26条の2第1項の規定により再入国の許可を受けたものとみなされる者を

2 特別永住者証明書

含む。以下同じ。）を除く。）が，入管法第25条第1項の規定により，出国する出入国港において，入国審査官から出国の確認を受けたとき。
4 特別永住者証明書の交付を受けた特別永住者であって，入管法第26条第1項の規定により再入国の許可を受けている者が出国し，再入国の許可の有効期間内に再入国をしなかったとき。
5 特別永住者証明書の交付を受けた特別永住者が新たな特別永住者証明書の交付を受けたとき。
6 特別永住者証明書の交付を受けた特別永住者が死亡したとき。

（特別永住者証明書の返納）
第16条 ① 特別永住者証明書の交付を受けた特別永住者は，その所持する特別永住者証明書が前条第1号，第2号又は第4号に該当して効力を失ったときは，その事由が生じた日から14日以内に，法務大臣に対し，当該特別永住者証明書を返納しなければならない。
② 特別永住者証明書の交付を受けた特別永住者は，その所持する特別永住者証明書が前条第3号に該当して効力を失ったときは，直ちに，法務大臣に対し，当該特別永住者証明書を返納しなければならない。
③ 特別永住者証明書の交付を受けた特別永住者は，その所持する特別永住者証明書が前条第5号に該当して効力を失ったときは，直ちに，居住地の市町村の長を経由して，法務大臣に対し，当該特別永住者証明書を返納しなければならない。
④ 特別永住者証明書の交付を受けた特別永住者は，特別永住者証明書の所持を失った場合において，前条（第6号を除く。）の規定により当該特別永住者証明書が効力を失った後，当該特別永住者証明書を発見するに至ったときは，その発見の日から14日以内に，法務大臣に対し，当該特別永住者証明書を返納しなければならない。
⑤ 特別永住者証明書が前条第6号の規定により効力を失ったときは，死亡した特別永住者の親族又は同居者は，その死亡の日（死亡後に特別永住者証明書を発見するに至ったときは，その発見の日）から14日以内に，法務大臣に対し，当該特別永住者証明書を返納しなければならない。

ア 特別永住者証明書は，特別永住者の法的地位や，氏名等の基本的身分特定事項，住居地を明らかにする証明書であり，有効期間も設定されていることから，その失効事由を規定した上，失効した特別永住者証明書を返納すべき旨を規定している。

特別永住者証明書の失効事由のうち，第1号，第3号，第4号及び第6号に掲げる事由は，広い意味で特別永住者ではなくなったことであり，外国人登録制度においても，外国人登録証明書の返納事由（外登法第12条）又は外国人登録原票の閉鎖事由（外登法施行令第6条）として定められていた。第2号については，特別永住者証明書の有効期間を設けたことから，その有効期間が満了したことを失効事由として定める必要があり，第5号については，新たな特別永住者証明書を交付する際，旧特別永住者証明書を確実に返納してもらう必要があるため，失効事由としたものである。なお，第2章3(1)**カ**（49頁）参照。

　イ　特別永住者証明書が失効した場合には，その特別永住者証明書を法務大臣に返納しなければならない。返納義務の履行期間は，原則として失効事由が生じた日から14日以内とし，旧特別永住者証明書と引替えに新たな特別永住者証明書を交付する場面や単純出国の場面等，直ちに返納させる必要がある場合を例外的に規定している。

(6)　受領及び提示等

> （特別永住者証明書の受領及び提示等）
> 第17条　①　特別永住者は，法務大臣が交付し，又は市町村の長が返還する特別永住者証明書を受領しなければならない。
> ②　特別永住者は，入国審査官，入国警備官，警察官，海上保安官その他法務省令で定める国又は地方公共団体の職員が，その職務の執行に当たり，特別永住者証明書の提示を求めたときは，これを提示しなければならない。
> ③　前項に規定する職員は，特別永住者証明書の提示を求める場合には，その身分を示す証票を携帯し，請求があるときは，これを提示しなければならない。
> ④　特別永住者については，入管法第23条第1項本文の規定（これに係る罰則を含む。）は，適用しない。

　入管特例法第17条第1項及び第2項は，特別永住者は，特別永住者証明書を受領しなければならず，警察官等から提示を求められたときは，これを提示しなければならない旨定めている。これは，従前の外登法においても同様の規定があったものを，特別永住者に係る新たな制度の構築に伴って再構成するこ

ととしたものである。
　なお，前述のとおり，国会における審議の過程で，特別永住者について，旅券及び特別永住者証明書の携帯義務に係る規定が削除された。

3　特別永住者の届出・申請

(1)　住居地の届出

> （住居地の届出）
> 第10条　①　住居地の記載のない特別永住者証明書の交付を受けた特別永住者は，住居地を定めた日から14日以内に，法務省令で定める手続により，住居地の市町村の長に対し，当該特別永住者証明書を提出した上，当該市町村の長を経由して，法務大臣に対し，その住居地を届け出なければならない。
> ②　特別永住者は，住居地を変更したときは，新住居地（変更後の住居地をいう。以下同じ。）に移転した日から14日以内に，法務省令で定める手続により，新住居地の市町村の長に対し，特別永住者証明書を提出した上，当該市町村の長を経由して，法務大臣に対し，その新住居地を届け出なければならない。
> ③　市町村の長は，前2項の規定による特別永住者証明書の提出があった場合には，当該特別永住者証明書にその住居地又は新住居地の記載（第8条第5項の規定による記録を含む。）をし，これを当該特別永住者に返還するものとする。
> ④　第1項に規定する特別永住者が，特別永住者証明書を提出して住民基本台帳法（昭和42年法律第81号）第30条の46の規定による届出をしたときは，当該届出は同項の規定による届出とみなす。
> ⑤　特別永住者（第1項に規定する特別永住者を除く。）が，特別永住者証明書を提出して住民基本台帳法第22条，第23条又は第30条の46の規定による届出をしたときは，当該届出は第2項の規定による届出とみなす。

　特別永住者に特別永住者証明書を交付する際，その者に住居地（住居地の意義等については，第2章3(1)イ(ⅲ)〔36頁〕を参照）がない場合には，住居地を記載する必要はない（入管特例法第8条第1項ただし書）。そこで，このような住居地の記載のない特別永住者証明書の交付を受けた特別永住者は，住居地を定めた日から14日以内に，住居地の市町村の長に，特別永住者証明書を提出した上，市町村の長を経由して，法務大臣に対し，住居地を届け出なければならないこと

している（第10条第1項）。届け出られた住居地は，市町村の窓口で，特別永住者証明書の裏面に記載され，住居地がICチップ記録事項とされた場合には，ICチップにも記録される（同条第3項）。住居地を変更した場合も同様である（同条第2項，第3項）。

　また，外国人の負担軽減及び市町村における事務の合理化の観点から，特別永住者が，特別永住者証明書を提出して住民基本台帳法上の転入届又は転居届をした場合には，入管特例法上の住居地の届出とみなすこととしている（同条第4項，第5項）。したがって，特別永住者証明書を添えて住民基本台帳法上の転入届又は転居届をすれば，入管特例法上の届出義務も果たされたことになる。

(2) 住居地以外の記載事項の変更届出

> （住居地以外の記載事項の変更届出）
> 第11条　①　特別永住者は，第8条第1項第1号に掲げる事項に変更を生じたときは，その変更を生じた日から14日以内に，法務省令で定める手続により，居住地の市町村の長を経由して，法務大臣に対し，変更の届出をしなければならない。
> ②　法務大臣は，前項の届出があった場合には，居住地の市町村の長を経由して，当該特別永住者に対し，新たな特別永住者証明書を交付するものとする。
> ③　市町村の長は，前項の規定により特別永住者証明書を交付する場合には，当該特別永住者証明書にその交付年月日を記載するものとする。

　特別永住者は，特別永住者証明書の記載事項のうち，氏名，生年月日，性別，国籍の属する国又は入管法第2条第5号ロに規定する地域の各項目に変更が生じたときは，変更の日から14日以内に，居住地の市町村の長を経由して，法務大臣に届け出なければならない（入管特例法第11条第1項）。この場合，法務大臣は，居住地の市町村の長を経由して，新たな特別永住者証明書を交付する（同条第2項）。交付の際，市町村の長は，特別永住者証明書の裏面に交付年月日を記載する（同条第3項）。

4 本人の出頭義務と代理人による申請等

> (本人の出頭義務と代理人による申請等)
> 第18条 ① 第4条第1項の許可の申請又は第6条第1項の規定により交付される特別永住許可書の受領は居住地の市町村の事務所に,第5条第1項の許可の申請又は第6条第2項の規定により交付される特別永住許可書の受領は地方入国管理局に,それぞれ自ら出頭して行わなければならない。
> ② 前項に規定する申請又は特別永住許可書の受領をしようとする者が16歳に満たない場合には,当該申請又は特別永住許可書の受領は,その者の親権を行う者又は未成年後見人が,その者に代わってしなければならない。
> ③ 第1項に規定する申請又は特別永住許可書の受領をしようとする者が疾病その他の事由により自ら当該申請又は特別永住許可書の受領をすることができない場合には,これらの行為は,その者の親族又は同居者が,その者に代わってすることができる。
> ④ 前2項の規定により特別永住許可書を代わって受領する者は,その際に,第7条第2項又は第3項の規定により交付される特別永住者証明書を受領しなければならない。
> (本人の出頭義務と代理人による届出等)
> 第19条 ① 第10条第1項若しくは第2項若しくは第11条第1項の規定による届出,第10条第3項の規定により返還され,若しくは第11条第2項(第12条第3項,第13条第2項及び第14条第4項において準用する場合を含む。)の規定により交付される特別永住者証明書の受領又は第12条第1項若しくは第2項,第13条第1項若しくは第14条第1項若しくは第3項の規定による申請(以下この条及び第34条において「届出等」という。)は,居住地(第10条第1項若しくは第2項の規定による届出又は同条第3項の規定により返還される特別永住者証明書の受領にあっては,住居地)の市町村の事務所に自ら出頭して行わなければならない。
> ② 特別永住者が16歳に満たない場合又は疾病その他の事由により自ら届出等をすることができない場合には,当該届出等は,次の各号に掲げる者(16歳に満たない者を除く。)であって当該特別永住者と同居するものが,当該各号の順位により,当該特別永住者に代わってしなければならない。
>   1 配偶者

第3章　特別永住者に係る措置

> 2　子
> 3　父又は母
> 4　前3号に掲げる者以外の親族
> ③　届出等については，前項に規定する場合のほか，同項各号に掲げる者（16歳に満たない者を除く。）であって特別永住者と同居するものが当該特別永住者の依頼により当該特別永住者に代わってする場合その他法務省令で定める場合には，第1項の規定にかかわらず，当該特別永住者が自ら出頭してこれを行うことを要しない。

(1) 本人出頭義務と代理人による申請等

　入管特例法第18条は，特別永住許可の申請及び特別永住許可書の受領について，本人出頭の原則を明らかにする（第1項）とともに，代理人による申請及び特別永住者証明書の受領について定めている（第2項，第3項）。そして，代理人が特別永住許可書を受領した場合には，その受領の際に，特別永住者証明書も受領しなければならないことを規定している（第4項）。

(2) 本人出頭義務と代理人による届出等

　入管特例法第19条は，今回新たに規定された届出，特別永住者証明書の受領又は特別永住者証明書に係る申請（以下「届出等」という）について，本人出頭の原則を明らかにするとともに，代理人による届出等について定めている。
　すなわち，第1項において，届出等は，特別永住者自らが居住地又は住居地の市町村に出頭して行わなければならないことを原則として定めている。
　そして，第2項において，特別永住者が16歳未満の場合又は疾病その他の事由により自ら届出等ができない場合には，特別永住者と同居している①配偶者，②子，③父又は母，④その他の親族の順で，本人に代わって届出等を行う義務があることを定めている。
　また，第3項は，16歳以上の同居の親族が，特別永住者の依頼により代わって届出等を行う場合その他法務省令で定める場合には，特別永住者が自ら市町村に出頭して行う必要がないことを規定している。ここで，「法務省令で定める場合」としては，例えば，住居地の変更届出の場合において，同居の親族

には当たらないが，住民基本台帳法の転入届又は転居届を行うことができる者（例えば，親族関係にはない世帯主）が，特別永住者に代わって住居地の変更届出を行う場合等を予定している。これは，住居地の変更届出と一緒に行うことになる住民基本台帳法上の転入届又は転居届について，世帯主による届出のほか，任意代理又は使者による届出を広く認めていること（住基法第27条第3項）との平仄をとるためである。

5 特別永住者の利便性向上のための制度

今回の法改正において，特別永住者に関する制度については，基本的に，現行制度を実質的に維持しつつも，以下に述べるような，利便性向上のための措置を講じている。

(1) 特別永住者証明書の記載事項・変更届出事項の削減

前述のように，特別永住者証明書の記載事項を，個人情報保護等の観点から，外国人登録証明書の記載事項より大幅に削減した。これにより，変更届出をすべき事項も削減されることとなった。

(2) 再入国許可制度の見直し

> （再入国の許可の有効期間の特例等）
> 第23条 ① 特別永住者に関しては，入管法第26条第3項中「5年」とあるのは「6年」と，同条第5項中「6年」とあるのは「7年」とする。
> ② 入管法第26条の2の規定は，有効な旅券及び特別永住者証明書を所持して出国する特別永住者について準用する。この場合において，同条第2項中「1年（在留期間の満了の日が出国の日から1年を経過する日前に到来する場合には，在留期間の満了までの期間）」とあるのは，「2年」と読み替えるものとする。
> ③ 法務大臣は，特別永住者に対する入管法第26条及び前項において準用する入管法第26条の2の規定の適用に当たっては，特別永住者の本邦における生活の安定に資するとのこの法律の趣旨を尊重するものとする。

今回，新たな在留管理制度の導入に伴い，再入国許可制度が見直され，みな

し再入国許可制度が導入されたことは既に述べた（第 2 章 5 ⑵ ア〔80 頁〕参照）が，同制度は特別永住者にも適用され，かつ，その歴史的経緯及び我が国における定着性にかんがみ，その要件が中長期在留者等よりも緩和されている。すなわち，有効な旅券及び特別永住者証明書を所持する特別永住者が再入国の意図をもって出国する場合，原則として出国時に有効期間 2 年の再入国許可を受けたものとみなす（入管特例法第 23 条第 2 項）こととした。

みなし再入国許可制度の対象となるためには，有効な旅券を所持していることが必要であること，「出入国の公正な管理のため再入国の許可を要する者として法務省令で定めるものに該当する者」以外の者であること，みなし再入国許可制度においては，在外公館での期間延長制度が設けられていないことなどは，中長期在留者等と同様である（第 2 章 5 ⑵ ア (ii) 及び (iv) 参照）。

なお，このみなし再入国許可制度の適用に当たっても，特別永住者の本邦における生活の安定に資するとの入管特例法の趣旨を尊重するものとされている（同条第 3 項）。

また，特別永住者は，2 年を超える長期間出国する場合等には，従前どおり再入国許可を受ける必要があるところ，その有効期間が 4 年から 6 年（在外公館での期間延長により 7 年）に伸長された（同条第 1 項）。

6　罰　則

> （罰則）
> 第 26 条　①　行使の目的で，特別永住者証明書を偽造し，又は変造した者は，1 年以上 10 年以下の懲役に処する。
> ②　偽造又は変造の特別永住者証明書を行使した者も，前項と同様とする。
> ③　行使の目的で，偽造又は変造の特別永住者証明書を提供し，又は収受した者も，第 1 項と同様とする。
> ④　前 3 項の罪の未遂は，罰する。
> 第 27 条　行使の目的で，偽造又は変造の特別永住者証明書を所持した者は，5 年以下の懲役又は 50 万円以下の罰金に処する。
> 第 28 条　第 26 条第 1 項の犯罪行為の用に供する目的で，器械又は原料を準備し

た者は，3年以下の懲役又は50万円以下の罰金に処する。
第29条　①　次の各号のいずれかに該当する者は，1年以下の懲役又は20万円以下の罰金に処する。
　1　他人名義の特別永住者証明書を行使した者
　2　行使の目的で，他人名義の特別永住者証明書を提供し，収受し，又は所持した者
　3　行使の目的で，自己名義の特別永住者証明書を提供した者
②　前項（所持に係る部分を除く。）の罪の未遂は，罰する。
第30条　第26条から前条までの罪は，刑法第2条の例に従う。
第31条　次の各号のいずれかに該当する者は，1年以下の懲役又は20万円以下の罰金に処する。
　1　第10条第1項若しくは第2項又は第11条第1項の規定による届出に関し虚偽の届出をした者
　2　第12条第1項，第13条第1項又は第14条第3項の規定に違反した者
　3　第17条第1項の規定に違反して特別永住者証明書を受領しなかった者
　4　第17条第2項の規定に違反して特別永住者証明書の提示を拒んだ者
第32条　次の各号のいずれかに該当する者は，20万円以下の罰金に処する。
　1　第10条第1項の規定に違反して住居地を届け出なかった者
　2　第10条第2項の規定に違反して新住居地を届け出なかった者
　3　第11条第1項又は第16条（第5項を除く。）の規定に違反した者
（過料）
第33条　第18条第4項の規定に違反した者は，5万円以下の過料に処する。
第34条　第19条第2項各号に掲げる者が，同項の規定に違反して，届出等（第12条第2項又は第14条第1項の規定による申請を除く。）をしなかったときは，5万円以下の過料に処する。

(1) 特別永住者証明書の偽変造等

　まず，入管特例法第26条ないし第29条は，特別永住者証明書の偽変造，偽変造の特別永住者証明書の行使，偽変造の特別永住者証明書の提供・収受及びこれらの未遂（第26条），偽変造の特別永住者証明書の所持（第27条），特別永住者証明書の偽変造目的での器械又は原料の準備（第28条），他人名義の特別永住者証明書の行使等（第29条）について，在留カードの場合と同様，罰則

を科している。これらの罪が刑法第2条の国外犯処罰の対象とされていることも在留カードの場合と同様である（第30条）。

特別永住者証明書は，これを所持する者が特別永住者であることを証明する公的な文書であり，預金口座の開設等社会生活のあらゆる場面での使用が予定され，その社会的信用を保護する必要性が極めて高い。また，特別永住者証明書の偽変造行為は，その準備行為，偽変造行為，偽変造の特別永住者証明書の販売行為等の一連の行為について，多数の関係者がそれぞれ役割を分担した上，組織的・国際的に敢行することが予想される。第26条ないし第30条の罰則規定は，これらの事情を考慮し，偽変造や不正利用の防止に万全を期する必要があるため，設けられたものである（構成要件の解説は，第2章7(3)〔93頁〕を参照）。

(2) 届出義務違反等

次に，第31条及び第32条は，氏名等の基本的身分特定事項及び住居地の届出義務違反，これらの事項についての虚偽の届出，特別永住者証明書の有効期間の更新・再交付申請・受領・提示・返納義務違反について，罰則を科している。これらの罰則規定は，従前の外登法においても同様の規定があったものを，特別永住者に係る新たな制度の構築に伴って再構成することとしたものである。

(3) 過　料

また，第33条及び第34条は，特別永住者が16歳未満である場合等において，特別永住者本人に代わって住居地の届出等を履行する義務がある者（第18条第4項及び第19条第2項各号に規定する者）の義務の履行を担保するため，それらの義務に違反した場合について，中長期在留者の場合と同様，過料に処することとしている。

第4章
改正法附則・経過措置
（新たな在留管理制度・特別永住者に係る措置について）

1 施 行 日

出入国管理及び難民認定法及び日本国との平和条約に基づき日本の国籍を離脱した者等の出入国管理に関する特例法の一部を改正する等の法律　附則
（施行期日）
第1条　この法律は，公布の日から起算して3年を超えない範囲内において政令で定める日から施行する。ただし，次の各号に掲げる規定は，当該各号に定める日から施行する。
　1～7　（略）

（参考）住民基本台帳法の一部を改正する法律　附則
（施行期日）
第1条　この法律は，公布の日から起算して3年を超えない範囲内において政令で定める日から施行する。ただし，次の各号に掲げる規定は，当該各号に定める日から施行する。
　1　目次の改正規定，第5条及び第8条の改正規定，第19条に1項を加える改正規定，第21条，第22条第1項，第26条，第27条第1項及び第2項並びに第28条から第30条までの改正規定，第4章の2の次に1章を加える改正規定，第34条第1項及び第2項，第39条並びに第47条第2号の改正規定，第53条の改正規定（同条第1項の改正規定（「第24条の2第1項若しくは第2項又は」を削る部分に限る。）を除く。）並びに別表第1の40の項の改正規定並びに次条第2項及び第3項，附則第4条から第10条まで及び第13条から第20条までの規定，附則第21条の規定（行政手続等における情報通信の技術の利用に関する法律（平成14年法律第151号）別表住民基本台帳法（昭

> 和42年法律第81号）の項の改正規定（「及び第30条の3第1項」を「，第30条の3第1項及び第30条の46から第30条の48まで」に改める部分に限る。）に限る。）並びに附則第22条の規定　出入国管理及び難民認定法及び日本国との平和条約に基づき日本の国籍を離脱した者等の出入国管理に関する特例法の一部を改正する等の法律（平成21年法律第79号（中略））の施行の日
> 2　（略）

　法務大臣が必要な情報を継続的に把握する制度を構築するとともに，適法に在留する外国人の利便性を向上させるための措置を講ずる新たな在留管理制度の導入に係る措置，特別永住者に係る措置，外国人登録法の廃止の施行日は，いずれも入管法改正法の公布の日（平成21年7月15日）から起算して3年を超えない範囲内において政令で定める日である（附則第1条柱書）。

　なお，「住民基本台帳法の一部を改正する法律」の外国人に係る住民基本台帳制度に係る部分の施行日も，上記施行日と同じである（住民基本台帳法の一部を改正する法律附則第1条第1号）。

2　経過措置 (資料14「改正法本則と附則の適用関係整理表」〔162頁〕，資料15「施行時に既に在留している中長期在留者又は特別永住者についての経過措置」〔163頁〕参照)

　新たな在留管理制度を導入するなどし，外国人登録法を廃止する今回の改正は，終戦直後から続いてきた外国人に関する法制度を大きく変更するものである。そのため，改正法は，円滑な制度移行を実現すべく，附則で様々な移行措置を定めている。

(1)　新規上陸時に在留カードを交付できない場合の措置

> 第7条　①　法務大臣は，当分の間，第2条の規定による改正後の入管法（以下「新入管法」という。）第19条の6に規定する上陸許可の証印又は許可を受けた中長期在留者（新入管法第19条の3に規定する中長期在留者をいう。以下同じ。）に対し，当該上陸許可の証印又は許可を受けた出入国港において，直ちに新入管法第19条の6の規定により在留カード（新入管法第19条の3に規定する在留カードをいう。以下同じ。）を交付することができないときは，法務省令で定めるところにより，入国審査官に，当該中長期在留者の旅券に，後日在留カ

> ードを交付する旨の記載をさせるものとする。
> ② 前項の規定により旅券に後日在留カードを交付する旨の記載を受けた中長期在留者（在留カードの交付を受けた者を除く。）に対する新入管法第19条の7第1項及び第3項並びに第19条の9第1項及び第3項の規定の適用については，これらの規定中「在留カードを提出し」とあるのは，「後日在留カードを交付する旨の記載を受けた旅券を提示し」とする。
> ③ 前項に規定する中長期在留者に対する新入管法第26条の2の規定の適用については，同条第1項中「在留カードを所持する」とあるのは，「当該旅券に後日在留カードを交付する旨の記載を受けた」とする。

　新規上陸に伴う在留カードの交付は，上陸した海空港において行うことが原則であるが（入管法第19条の6），現在の厳しい国家財政の下では，一部の海空港において，施行日までに，在留カードの発行体制が整備できないことも予想される。そこで，そのような海空港から中長期在留者が入国した場合には，暫定的な措置として，その者が所持する旅券に「後日在留カードを交付する」との記載をした（附則第7条第1項）上，この者が，市町村に住居地の届出をするときには，在留カードの提出に代えて，この旅券を提示して行うこととし（同条第2項），また，みなし再入国許可制度の適用については，在留カードを所持していなくても，この旅券を所持していればよいこととした（同条第3項）。なお，この場合における在留カードの交付については，この者が住居地の届出をした後にすることを予定している。

(2) 適用範囲

> 第8条　新入管法第19条の7の規定は，この法律の施行の日（以下「施行日」という。）以後に新入管法第19条の6に規定する上陸許可の証印又は許可を受けて中長期在留者となった者について適用する。
> 第9条　新入管法第19条の8の規定は，施行日以後に同条第1項に規定する新入管法の規定による許可を受けて新たに中長期在留者となった者について適用する。
> 第10条　新入管法第19条の9の規定は，附則第17条第1項及び第18条第1項に規定する中長期在留者（その住居地（本邦における主たる住居の所在地をいう。以下同じ。）について，附則第17条第1項又は第18条第1項の規定による届出をした者を除く。）には，適用しない。

第4章　改正法附則・経過措置

> 第11条　新入管法第19条の10の規定は，附則第16条第1項に規定する中長期在留者であって，第4条の規定による廃止前の外国人登録法（以下「旧外国人登録法」という。）第3条第1項の規定による申請をしていないもの（附則第16条第1項の規定による申請をした者を除く。）には，適用しない。
> 第12条　新入管法第19条の16の規定は，施行日以後に新入管法第19条の6に規定する上陸許可の証印若しくは許可又は新入管法第20条第3項本文（新入管法第22条の2第3項（新入管法第22条の3において準用する場合を含む。）において準用する場合を含む。），第21条第3項，第22条第2項（新入管法第22条の2第4項（新入管法第22条の3において準用する場合を含む。）において準用する場合を含む。），第50条第1項若しくは第61条の2の2第1項若しくは第2項の規定による許可を受けた中長期在留者について適用する。
> 第25条　第3条の規定による改正後の特例法（以下「新特例法」という。）第10条の規定は，附則第30条第1項及び第31条第1項に規定する特別永住者（その住居地について，附則第30条第1項又は第31条第1項の規定による届出をした者を除く。）には，適用しない。
> 第26条　新特例法第11条の規定は，附則第29条第1項に規定する特別永住者であって，旧外国人登録法第3条第1項の規定による申請をしていないもの（附則第29条第1項の規定による申請をした者を除く。）には，適用しない。

　附則第8条から第12条までと第25条及び第26条は，入管法及び入管特例法に新たに設けられた届出に関する規定の適用範囲について定めている。
　ア　まず，入管法第19条の7（新規上陸後の住居地届出）は，施行後に上陸許可の証印又は許可を受けて中長期在留者となった者についてのみ，第19条の8（在留資格変更等に伴う住居地届出）は，施行後に在留に係る許可を受けて中長期在留者となった者についてのみ，それぞれ適用される（附則第8条，第9条）[1]。
　イ　次に，第19条の9（住居地の変更届出）は，施行の際，既に在留している中長期在留者で
　①　外国人登録の申請（外登法第3条第1項）をしていないもの
　②　施行前に外国人登録（外登法第4条第1項）を受けているが，施行日の前日において外国人登録原票に登録されている居住地が住居地に該当しないもの（公園，路上等の現在地が登録されている者及び登録されている居住地と施行日の前日における実際の住居地が異なる者）　には適用しない（附則第10条）。

これらの者は，施行時において，法務大臣がその住居地を把握していない者であり，法務大臣による情報把握という観点からは，施行後に新規に入国した者と状況が同じであるため，附則で住居地の届出義務を課している（附則第17条，第18条，後記(5)〔149頁〕参照）。そして，これらの者がこれら附則の規定により住居地を届け出た後，当該住居地を変更した場合には，入管法第19条の9が適用される（附則第10条）。

この結果，施行の際，既に在留している中長期在留者で，入管法第19条の9が適用になるのは，施行前に外国人登録をしており，施行日の前日において外国人登録原票に登録されている居住地がその時点における住居地に該当する者並びに附則第17条及び第18条の規定により住居地の届出をした者ということになる。これらの者が，住居地を変更した場合には，入管法第19条の9に基づき，変更の届出をしなければならない。

ウ　また，入管法第19条の10（住居地以外の記載事項の変更届出）は，施行の際，既に在留している中長期在留者で，外国人登録の申請をしていないものには適用しない（附則第11条）。

当該外国人は，外国人登録を受けておらず，外国人登録証明書を所持していない者である。そのため，入管法第19条の10の「第19条の4第1項第1号に掲げる事項に変更を生じたとき」について，何からの変更なのかが不明確であり，同条の届出義務を課すのは相当ではない。そこで，この者については，附則第16条により，施行日から14日以内に在留カードの交付申請を行わなければならないこととし，これによって最新の氏名等が記載された在留カードが交付されるので，それ以後の氏名等の変更について，入管法第19条の10を適用することとした。

この結果，施行の際，既に在留している中長期在留者で，入管法第19条の10が適用になるのは，外国人登録を受けている者及び施行の際，外国人登録の申請をしておらず，附則第16条の規定により在留カードの交付申請を行い，在留カードの交付を受けた者ということになる。前者は，施行日の前日における外国人登録原票に登録された氏名，生年月日，性別，国籍に，後者は，交付された在留カードに記載されたこれらの事項に，それぞれ変更があったときに届け出ることとなる。なお，入管法第19条の10は，施行後に許可を受けて

中長期在留者となった者には問題なく適用される。

　　エ　さらに，入管法第 19 条の 16（所属機関等に関する届出）は，施行後に上陸許可又は在留期間の更新許可等在留に係る許可を受けて中長期在留者となった者（施行前の許可により，施行の際，中長期在留者であった者が，在留期間の更新許可等在留に係る許可を受けて，再び中長期在留者として在留する場合も含む）に適用する（附則第 12 条）。

　施行の際，入管法第 19 条の 16 各号に掲げる在留資格で在留している中長期在留者について，施行前においては，同条に定めるような届出義務が課されていないところ，施行により新たな届出義務を課すことによる混乱を避けるため，これらの者については，施行後，在留期間の更新許可等在留に係る許可を受けた以降から，入管法第 19 条の 16 を適用することとしたものである[2]。

　　オ　なお，入管特例法第 10 条（住居地の届出）は，上記**イ**と同様の考え方，入管特例法第 11 条（住居地以外の記載事項の変更届出）は，上記**ウ**と同様の考え方に基づき，それぞれ適用範囲を定めている（附則第 25 条，第 26 条）。

　　1)　施行の際，既に在留している中長期在留者の住居地届出義務については，附則第 10 条，第 17 条，第 18 条に規定されている。
　　2)　これらの者は，遅くとも施行日から 3 年以内には，在留期間の更新許可等の在留に係る許可を受けることとなり，それ以降は，入管法第 19 条の 16 が適用される。

(3)　在留カード又は特別永住者証明書の法施行前の交付申請（資料 15「施行時に既に在留している中長期在留者又は特別永住者についての経過措置」〔163 頁〕参照）

> 第 13 条　①　本邦に在留資格をもって在留する外国人で，旧外国人登録法第 4 条第 1 項の規定による登録を受け，その有する在留期間（新入管法第 20 条第 5 項（新入管法第 21 条第 4 項において準用する場合を含む。）の規定により本邦に在留することができる期間を含む。以下この項及び附則第 15 条第 2 項において同じ。）の満了の日が施行日以後に到来するもののうち，次に掲げる者以外の者（以下「予定中長期在留者」という。）は，附則第 1 条第 4 号に定める日から施行日の前日までの間に，法務省令で定める手続により，法務大臣に対し，在留カードの交付を申請することができる。
> 　1　3 月以下の在留期間が決定された者
> 　2　短期滞在の在留資格が決定された者

3　外交又は公用の在留資格が決定された者
　4　前3号に準ずる者として法務省令で定めるもの
② 　前項の規定による申請は，地方入国管理局に自ら出頭して行わなければならない。
③ 　予定中長期在留者が16歳に満たない場合又は疾病その他の事由により自ら第1項の規定による申請をすることができない場合には，当該申請は，次の各号に掲げる者（16歳に満たない者を除く。）であって当該予定中長期在留者と同居するものが，当該各号の順位により，当該予定中長期在留者に代わってしなければならない。
　1　配偶者
　2　子
　3　父又は母
　4　前3号に掲げる者以外の親族
④ 　第1項の規定による申請については，前項に規定する場合のほか，同項各号に掲げる者（16歳に満たない者を除く。）であって予定中長期在留者と同居するものが当該予定中長期在留者の依頼により当該予定中長期在留者に代わってする場合その他法務省令で定める場合には，第2項の規定にかかわらず，当該予定中長期在留者が自ら出頭してこれを行うことを要しない。
⑤ 　予定中長期在留者が，施行日の1月前から施行日の前日までの間に，旧外国人登録法第6条第1項，第6条の2第1項若しくは第2項又は第11条第1項の規定による申請をしたときは，その時に，第1項の規定による申請をしたものとみなす。
⑥ 　法務大臣は，施行日以後，第1項の規定による申請をした予定中長期在留者が中長期在留者として本邦に在留するときは，速やかに，入国審査官に，その者に対し，在留カードを交付させるものとする。

第14条　① 　法務大臣は，施行日前においても，前条第1項の規定による申請に関し，同条第6項の規定による在留カードの交付の準備のため必要があるときは，その職員に事実の調査をさせることができる。
② 　入国審査官又は入国警備官は，前項の調査のため必要があるときは，関係人に対し，出頭を求め，質問をし，又は文書の提示を求めることができる。
③ 　法務大臣，入国審査官又は入国警備官は，第1項の調査について，公務所又は公私の団体に照会して必要な事項の報告を求めることができる。

第27条　① 　施行日前に，本邦に在留する特別永住者であって，旧外国人登録法第4条第1項の規定による登録を受けているものは，附則第1条第4号に定め

第4章　改正法附則・経過措置

>　る日から施行日の前日までの間に，法務省令で定める手続により，居住地の市町村の長を経由して，法務大臣に対し，特別永住者証明書の交付を申請することができる。
>　② 　前項の規定による申請は，居住地の市町村の事務所に自ら出頭して行わなければならない。
>　③ 　附則第13条第3項及び第4項の規定は，第1項の規定による申請の手続について準用する。
>　④ 　第1項に規定する特別永住者が，施行日の1月前から施行日の前日までの間に，旧外国人登録法第6条第1項，第6条の2第1項若しくは第2項又は第11条第1項の規定による申請をしたときは，その時に，第1項の規定による申請をしたものとみなす。
>　⑤ 　法務大臣は，施行日以後，第1項の規定による申請をした特別永住者が特別永住者として本邦に在留するときは，速やかに，居住地の市町村の長を経由して，その者に対し，特別永住者証明書を交付するものとする。

　ア　附則第13条及び第27条は，施行前に在留カード又は特別永住者証明書の交付の申請ができることを規定している。

　後記(4)で述べるように，施行の際我が国に在留している中長期在留者又は特別永住者は，自ら希望して申請すれば，外国人登録証明書から在留カード又は特別永住者証明書への切替えができる（附則第15条第3項，第4項，第28条第3項，第4項）。しかしながら，これだけでは，施行直後に当該申請が集中するおそれがあるため，施行前においても交付の申請を認めることにより，外国人登録証明書から在留カード又は特別永住者証明書への円滑な切替えができるようにしたものである。

　イ　附則第13条は，外国人登録をしており，施行の際，中長期在留者として在留する予定の者（予定中長期在留者）は，公布の日（平成21年7月15日）から2年6月以内の政令で定める日から施行日の前日までの間，事前に，在留カードの交付の申請をすることができるものとしている（第1項）。この申請は，外国人本人が地方入国管理局に自ら出頭して行うことが原則である（第2項）が，代理申請についても定められている（第3項，第4項）。代理申請の規定については，入管法第61条の9の3第2項及び第3項の規定と同様のものである（第2章8(4)〔114頁〕参照）。

また，予定中長期在留者が，施行日の1月前から施行日の前日までの間に，外登法第6条第1項（引替交付），第6条の2第1項若しくは第2項（引替交付）又は第11条第1項（切替交付）の申請をした場合には，在留カードの事前申請をしたものとみなすこととしている（第5項）[3]。

これは，施行日の直前に，これら外国人登録証明書の交付を伴う申請が行われた場合，外国人登録証明書を交付しても，施行後3年以内に在留カードへ切替えを行う必要があるため，外国人本人の負担軽減等の観点から，外登法に基づく申請を在留カードの事前の交付申請とみなし，施行後に在留カードを交付することにしたものである。

事前の交付申請があった場合，施行日以後，予定中長期在留者が中長期在留者として本邦に在留しているときは，法務大臣は，速やかに，在留カードを交付することとなる（第6項）。

　ウ　附則第14条は，法務大臣が，第13条第1項の規定による申請に関し，同条第6項の規定による在留カードの交付の準備のため必要があるときは，施行日前であっても，その職員に事実の調査をさせることができる旨定めている（事実の調査については，第2章4(2)〔67頁〕参照）。

　エ　附則第27条は，外国人登録をしている特別永住者について，特別永住者証明書の事前の交付申請をすることができる旨定めている。具体的な内容は，在留カードの事前の交付申請と同旨である。

> 3) 新規登録の申請（外登法第3条第1項）と再交付の申請（同法第7条第1項）は除かれているが，施行日の1月前から施行日の前日までの間に，これらの申請を行い，施行の際外国人登録証明書の交付を受けていなければ，施行日において附則第16条第1項の在留カードの交付申請をしたものとみなされ（附則第16条第2項），在留カードが交付される（同条第3項）。

(4) 外国人登録証明書を在留カード又は特別永住者証明書とみなす措置

> **第15条**　①　中長期在留者が所持する旧外国人登録法に規定する外国人登録証明書（以下「登録証明書」という。）は，新入管法第19条の9，第19条の11第1項及び第2項，第19条の12第1項，第19条の13第1項から第3項まで（第1項後段を除く。），第19条の14，第19条の15，第23条，第26条の2第1

項，第 61 条の 9 の 3 第 1 項第 1 号（新入管法第 19 条の 9 第 1 項及び同条第 2 項において準用する新入管法第 19 条の 7 第 2 項に係る部分に限る。以下この項において同じ。）並びに第 61 条の 9 の 3 第 2 項及び第 3 項（いずれも同条第 1 項第 1 号に係る部分に限り，これらの規定を附則第 19 条第 2 項において準用する場合を含む。）並びに附則第 17 条（第 1 項第 1 号及び第 2 号に係る部分に限る。）及び第 19 条第 1 項（附則第 17 条第 1 項及び同条第 2 項において準用する新入管法第 19 条の 7 第 2 項に係る部分に限る。）の規定（これらの規定に係る罰則を含む。）の適用については，在留カードとみなす。

② 前項の規定により登録証明書が在留カードとみなされる場合におけるその有効期間は，次の各号に掲げる中長期在留者の区分に応じ，当該各号に定める日が経過するまでの期間とする。

1 永住者 施行日から起算して 3 年を経過する日（施行日に 16 歳に満たない者にあっては，施行日から起算して 3 年を経過する日又は 16 歳の誕生日（当該外国人の誕生日が 2 月 29 日であるときは，当該外国人のうるう年以外の年における誕生日は 2 月 28 日であるものとみなす。以下同じ。）のいずれか早い日）

2 入管法別表第 1 の 5 の表の上欄の在留資格を決定され，同表の下欄（ニに係る部分を除く。）に掲げる活動を指定された者 在留期間の満了の日又は前号に定める日のいずれか早い日

3 前 2 号に掲げる者以外の者 在留期間の満了の日（施行日に 16 歳に満たない者にあっては，在留期間の満了の日又は 16 歳の誕生日のいずれか早い日）

③ 第 1 項の規定により在留カードとみなされる登録証明書を所持する中長期在留者は，前項に規定するその有効期間が満了する前に，法務省令で定める手続により，法務大臣に対し，在留カードの交付を申請することができる。

④ 法務大臣は，前項の規定による申請があった場合には，入国審査官に，当該中長期在留者に対し，在留カードを交付させるものとする。

第 28 条 ① 特別永住者が所持する登録証明書は，新特例法第 10 条（第 1 項及び第 4 項を除く。），第 12 条第 1 項及び第 2 項，第 13 条第 1 項，第 14 条第 1 項から第 3 項まで（第 1 項後段を除く。），第 15 条から第 17 条まで，第 19 条第 1 項（新特例法第 10 条第 2 項及び第 3 項に係る部分に限る。以下この項において同じ。），第 19 条第 2 項及び第 3 項（いずれも同条第 1 項に係る部分に限り，これらの規定を附則第 32 条第 2 項において準用する場合を含む。）並びに第 23 条第 2 項並びに附則第 30 条（第 1 項第 1 号及び第 2 号に係る部分に限る。）及び第 32 条第 1 項（附則第 30 条第 1 項及び同条第 2 項において準用する新特例

2 経過措置

> 法第10条第3項に係る部分に限る。）の規定（これらの規定に係る罰則を含む。）の適用については，特別永住者証明書とみなす。
> ② 前項の規定により登録証明書が特別永住者証明書とみなされる場合におけるその有効期間は，次の各号に掲げる特別永住者の区分に応じ，当該各号に定める日が経過するまでの期間とする。
> 1 施行日に16歳に満たない者　16歳の誕生日
> 2 施行日に16歳以上の者であって，旧外国人登録法第4条第1項の規定による登録を受けた日（旧外国人登録法第6条第3項，第6条の2第4項若しくは第7条第3項の規定による確認又は旧外国人登録法第11条第1項若しくは第2項の規定による申請に基づく確認を受けた場合には，最後に確認を受けた日。次号において「登録等を受けた日」という。）後の7回目の誕生日が施行日から起算して3年を経過する日までに到来するもの　施行日から起算して3年を経過する日
> 3 施行日に16歳以上の者であって，登録等を受けた日後の7回目の誕生日が施行日から起算して3年を経過する日後に到来するもの　当該誕生日
> ③ 第1項の規定により特別永住者証明書とみなされる登録証明書を所持する特別永住者は，前項に規定するその有効期間が満了する前に，法務省令で定める手続により，居住地の市町村の長を経由して，法務大臣に対し，特別永住者証明書の交付を申請することができる。
> ④ 法務大臣は，前項の規定による申請があった場合には，居住地の市町村の長を経由して，当該特別永住者に対し，特別永住者証明書を交付するものとする。

　ア　施行日において我が国に在留しているすべての中長期在留者及び特別永住者に対し，外国人登録証明書に代えて，在留カード又は特別永住者証明書を一斉に交付することとした場合には，同時期に多数の外国人が地方入国管理局や市町村の窓口に殺到するなどして，大きな混乱を招くことになりかねない。そこで，改正法は，附則において，一定期間，これらの者が所持する外国人登録証明書を在留カード又は特別永住者証明書とみなした上で，順次在留カード又は特別永住者証明書に切り替えていく措置を講じている。

　イ　附則第15条第1項及び第2項は，施行日において，既に我が国に在留している中長期滞在者については，その者が所持する外国人登録証明書を，施行日から起算して3年を経過する日又は在留期間の満了の日のいずれか早い日までを有効期限とする在留カードとみなすこととしている[4)][5)]。その上で，

入管法の規定で義務付けられている届出又は申請に伴い，在留カードとみなされる外国人登録証明書から在留カードへと切り替えていくほか[6]，外国人が自ら希望して申請すれば[7]，在留カードへの切替えができることとしている（附則第13条，第15条第3項，第4項）。こうして，在留カードは，遅くとも施行日から3年以内には，施行日に既に我が国に在留する中長期在留者すべてに交付されることとなる。

ウ　また，附則第28条第1項は，施行日において，既に我が国に在留している特別永住者についても，その者が所持する外国人登録証明書を特別永住者証明書とみなすこととしている[8]。ただし，その有効期限については，特別永住者に負担をかけないという観点から，原則として，旧外登法に基づく次回確認（切替）申請期間の始期であるその者の誕生日までとしている（同条第2項）[9]。そして，中長期在留者と同様に，入管特例法の規定で義務付けられる届出又は申請に伴い，特別永住者証明書へ切り替えていくほか[10]，特別永住者が自ら希望して申請すれば[7]，特別永住者証明書への切替えができることとしている（附則第27条，第28条第3項，第4項）。

4) 外国人登録証明書が在留カードとみなされる場面は，具体的には，住居地の変更届出（入管法第19条の9），有効期間の更新の申請（入管法第19条の11第1項及び第2項），紛失等や汚損等による再交付の申請（入管法第19条の12第1項及び第19条の13第1項から第3項まで〔第1項後段を除く〕），失効（入管法第19条の14），返納（入管法第19条の15），受領・携帯・提示（入管法第23条），みなし再入国許可（入管法第26条の2第1項），代理人による住居地の変更届出における在留カードの受領に関する部分（入管法第61条の9の3第1項から第3項までの該当部分），附則の規定による住居地届出とその代理に関する部分（附則第17条第1項第1号及び第2号，第19条）である。

5) 在留カードとみなされる外国人登録証明書の有効期限は，施行日に16歳未満の者については，施行日から3年を経過する日，在留期間の満了の日，16歳の誕生日のいずれか早い日までとされている。

6) 義務的に在留カードに切り替わる場面としては，住居地以外の記載事項の変更届出（入管法第19条の10第1項），有効期間の更新の申請（入管法第19条の11第1項及び第2項），紛失等や汚損等による再交付の申請（入管法第19条の12第1項及び第19条の13第1項から第3項まで〔第1項後段を除く〕），附則の規定による在留カードの交付の申請（附則第16条第1項）がある。

7) いずれも，公布の日（平成21年7月15日）から2年6月以内の政令で定める日から，在留カード又は特別永住者証明書とみなされる外国人登録証明書の有効期間の満了の日まで，申請が可能である。

8) 外国人登録証明書が特別永住者証明書とみなされる場面は，具体的には，住居地の変

2 経過措置

更届出（入管特例法第10条第2項，第3項，第5項），有効期間の更新の申請（入管特例法第12条第1項及び第2項），紛失等や汚損等による再交付の申請（入管特例法第13条第1項及び第14条第1項から第3項まで〔第1項後段を除く〕），失効（入管特例法第15条），返納（入管特例法第16条），受領・提示（入管特例法第17条），みなし再入国許可（入管特例法第23条第2項），代理人による住居地の変更届出における特別永住者証明書の受領に関する部分（入管特例法第19条第2項及び第3項の該当部分），附則の規定による住居地届出とその代理に関する部分（附則第30条第1項第1号及び第2号，第32条）である。

9）　特別永住者証明書とみなされる外国人登録証明書の有効期限は，次回確認（切替）申請期間の始期が，施行時既に到来している者又は施行後3年以内に到来する者については，施行日から3年を経過する日，施行日に16歳未満の者については，16歳の誕生日とされている。

10）　義務的に特別永住者証明書に切り替わる場面としては，住居地以外の記載事項の変更届出（入管特例法第11条第1項），有効期間の更新の申請（入管特例法第12条第1項及び第2項），紛失等や汚損等による再交付の申請（入管特例法第13条第1項及び第14条第1項から第3項まで〔第1項後段を除く〕），附則の規定による特別永住者証明書の交付の申請（附則第29条第1項）がある。

(5)　各種届出及び申請義務

> 第16条　①　この法律の施行の際現に登録証明書を所持しない中長期在留者は，附則第13条第1項の規定による在留カードの交付の申請をした場合を除き，施行日（施行日において本邦から出国している場合にあっては，施行日以後最初に入国した日）から14日以内に，法務省令で定める手続により，法務大臣に対し，在留カードの交付を申請しなければならない。
> ②　前項の規定にかかわらず，同項に規定する中長期在留者が，施行日の1月前から施行日の前日までの間に，旧外国人登録法第3条第1項又は第7条第1項の規定による申請をし，この法律の施行の際現に当該申請に係る登録証明書の交付を受けていないときは，施行日において，前項の規定による申請をしたものとみなす。
> ③　法務大臣は，第1項の規定による申請があった場合には，入国審査官に，当該中長期在留者に対し，在留カードを交付させるものとする。
> 第17条　①　旧外国人登録法第4条第1項の規定による登録を受け，施行日の前日において同項に規定する外国人登録原票（以下「登録原票」という。）に登録された居住地が住居地に該当しない中長期在留者は，次の各号に掲げる場合の区分に応じ，当該各号に定める日から14日以内に，法務省令で定める手続により，住居地の市町村（東京都の特別区の存する区域及び地方自治法（昭和22年法律

第67号)第252条の19第1項の指定都市にあっては,区。以下同じ。)の長に対し,在留カードを提出した上,当該住居地の市町村の長を経由して,法務大臣に対し,その住居地を届け出なければならない。

1　この法律の施行の際現に登録証明書を所持し,施行日に住居地がある場合　施行日(施行日において本邦から出国している場合にあっては,施行日以後最初に入国した日)

2　この法律の施行の際現に登録証明書を所持し,施行日後に住居地を定めた場合　住居地を定めた日

3　この法律の施行の際現に登録証明書を所持せず,施行日に住居地がある場合　前条第3項の規定により在留カードの交付を受けた日

4　この法律の施行の際現に登録証明書を所持せず,施行日後に住居地を定めた場合　住居地を定めた日又は前条第3項の規定により在留カードの交付を受けた日のいずれか遅い日

② 新入管法第19条の7第2項の規定は,前項の規定による在留カードの提出があった場合に準用する。

③ 第1項に規定する中長期在留者が,在留カードを提出して住民基本台帳法(昭和42年法律第81号)第30条の46の規定による届出をしたときは,当該届出は同項の規定による届出とみなす。

第18条　① この法律の施行の際現に本邦に在留する中長期在留者であって,旧外国人登録法第3条第1項の規定による申請をしていないものは,附則第16条第3項の規定により在留カードの交付を受けた日(当該日に住居地がない場合にあっては,その後に住居地を定めた日)から14日以内に,法務省令で定める手続により,住居地の市町村の長に対し,在留カードを提出した上,当該住居地の市町村の長を経由して,法務大臣に対し,その住居地を届け出なければならない。

② 新入管法第19条の7第2項の規定は,前項の規定による在留カードの提出があった場合に準用する。

③ 第1項に規定する中長期在留者が,在留カードを提出して住民基本台帳法第30条の46の規定による届出をしたときは,当該届出は同項の規定による届出とみなす。

第29条　① この法律の施行の際現に登録証明書を所持しない特別永住者は,附則第27条第1項の規定による特別永住者証明書の交付の申請をした場合を除き,施行日(施行日において本邦から出国している場合にあっては,施行日以後最初に入国した日)から14日以内に,法務省令で定める手続により,居住地の市町

村の長を経由して，法務大臣に対し，特別永住者証明書の交付を申請しなければならない。
② 前項の規定にかかわらず，同項に規定する特別永住者が，施行日の1月前から施行日の前日までの間に，旧外国人登録法第3条第1項又は第7条第1項の規定による申請をし，この法律の施行の際現に当該申請に係る登録証明書の交付を受けていないときは，施行日において，前項の規定による申請をしたものとみなす。
③ 法務大臣は，第1項の規定による申請があった場合には，居住地の市町村の長を経由して，当該特別永住者に対し，特別永住者証明書を交付するものとする。
第30条 ① 旧外国人登録法第4条第1項の規定による登録を受け，施行日の前日において登録原票に登録された居住地が住居地に該当しない特別永住者は，次の各号に掲げる場合の区分に応じ，当該各号に定める日から14日以内に，法務省令で定める手続により，住居地の市町村の長に対し，特別永住者証明書を提出した上，当該市町村の長を経由して，法務大臣に対し，その住居地を届け出なければならない。
  1 この法律の施行の際現に登録証明書を所持し，施行日に住居地がある場合　施行日（施行日において本邦から出国している場合にあっては，施行日以後最初に入国した日）
  2 この法律の施行の際現に登録証明書を所持し，施行日後に住居地を定めた場合　住居地を定めた日
  3 この法律の施行の際現に登録証明書を所持せず，施行日に住居地がある場合　前条第3項の規定により特別永住者証明書の交付を受けた日
  4 この法律の施行の際現に登録証明書を所持せず，施行日後に住居地を定めた場合　住居地を定めた日又は前条第3項の規定により特別永住者証明書の交付を受けた日のいずれか遅い日
② 新特例法第10条第3項の規定は，前項の規定による特別永住者証明書の提出があった場合に準用する。
③ 第1項に規定する特別永住者が，特別永住者証明書を提出して住民基本台帳法第30条の46の規定による届出をしたときは，当該届出は同項の規定による届出とみなす。
第31条 ① この法律の施行の際現に本邦に在留する特別永住者であって，旧外国人登録法第3条第1項の規定による申請をしていないものは，附則第29条第3項の規定により特別永住者証明書の交付を受けた日（当該日に住居地がない場合にあっては，その後に住居地を定めた日）から14日以内に，法務省令で定め

> る手続により，住居地の市町村の長に対し，特別永住者証明書を提出した上，当該市町村の長を経由して，法務大臣に対し，その住居地を届け出なければならない。
> ② 新特例法第10条第3項の規定は，前項の規定による特別永住者証明書の提出があった場合に準用する。
> ③ 第1項に規定する特別永住者が，特別永住者証明書を提出して住民基本台帳法第30条の46の規定による届出をしたときは，当該届出は同項の規定による届出とみなす。

　ア　附則第16条第1項は，施行日において既に我が国に在留している中長期在留者が，施行の際現に外国人登録証明書を所持していない場合には，施行日前に附則第13条第1項の規定による在留カードの交付の申請をした場合を除き，施行日から14日以内に，在留カードの交付の申請をしなければならないものとしている。この場合において，法務大臣は，入国審査官に，当該中長期在留者に対し，在留カードを交付させる（同条第3項）。

　施行の際現に我が国に在留する中長期在留者が，外国人登録証明書を所持していない場合には，①外国人登録は受けているものの，紛失等の理由で現に外国人登録証明書を所持していない場合と，②外国人登録の申請をしていないため，外国人登録証明書を所持していない場合の2つがある。これらの外国人登録証明書を所持していない中長期在留者も，改正法の施行後において在留カードを所持する必要があるところ，附則第16条第1項及び第3項は，そのための手続を定めたものである。

　なお，施行日の1月前から施行日の前日までの間に，新規登録の申請（外登法第3条第1項）又は外国人登録証明書の再交付の申請（第7条第1項）を行い，施行の際外国人登録証明書の交付を受けていないときは，施行日において附則第16条第1項の在留カードの交付申請をしたものとみなされ（附則第16条第2項），在留カードが交付される（同条第3項）。

　イ　附則第17条第1項及び第2項は，施行日に既に在留している中長期滞在者が，施行前に外国人登録を受けているものの，登録された居住地が住居地に該当しない場合，すなわち公園や路上等の現在地が居住地として登録されている場合や登録されている居住地と施行日の前日の実際の住居地が異なる場合

における住居地の届出について定めている。

　これらの中長期在留者が，施行の際現に外国人登録証明書を所持している場合には，施行日に住居地があるときは施行日から[11]，施行日後に住居地を定めたときは住居地を定めた日から，それぞれ14日以内に，市町村に住居地を届け出て，在留カードとみなされる外国人登録証明書に住居地の記載を受けなければならない（附則第17条第1項第1号，第2号，第2項）。また，これらの中長期在留者が，施行の際現に外国人登録証明書を所持していない場合には，附則第16条の規定により，施行日から14日以内に在留カードの交付の申請を行い，在留カードの交付を受けた後，施行日に住居地があるときは在留カードの交付を受けた日から，施行日後に住居地を定めたときは在留カードの交付を受けた日又は住居地を定めた日のいずれか遅い日から，それぞれ14日以内に，市町村に住居地を届け出て，在留カードに住居地の記載を受けなければならない（附則第17条第1項第3号，第4号）。

　これらの中長期在留者は，施行日において，法務大臣がその住居地を把握していない者であり，法務大臣による情報把握という観点からは，施行日後に新規に入国した者と状況が同じであるため，附則第17条で住居地の届出義務を課したものである。

　なお，これらの中長期在留者が在留カードを提出して住民基本台帳法上の転入届をしたときは，附則第17条第1項の規定による住居地の届出とみなすこととしている（同条第3項）。

　ウ　施行の際外国人登録証明書を所持していない中長期在留者であって，施行日前に外国人登録の申請を行っていないものは，附則第16条第1項の申請をして在留カードの交付を受けた後，在留カードの交付を受けた日又は住居地を定めた日のいずれか遅い日から14日以内に，市町村に住居地を届け出て，在留カードに住居地の記載を受けなければならない（附則第18条第1項，第2項）。なお，この者が在留カードを提出して住民基本台帳法上の転入届をしたときは，附則第18条第1項の規定による住居地の届出とみなすこととしている（同条第3項）。

　エ　以上の各種届出又は申請の義務は，施行日に既に在留している特別永住者についても同様に定められている（附則第29条〜第31条）が，届出又は申請

第4章 改正法附則・経過措置

は，すべて市町村経由で行うこととなっている。

　11) 施行日において本邦から出国している場合には，施行日以後最初に入国した日となる（附則第17条第1項第1号）。

(6) 本人の出頭義務と代理人による届出等

> 第19条 ① 附則第13条第6項，第15条第4項若しくは第16条第3項の規定により交付される在留カードの受領又は附則第15条第3項若しくは第16条第1項の規定による申請は地方入国管理局に，附則第17条第1項若しくは前条第1項の規定による届出又は附則第17条第2項及び前条第2項において準用する新入管法第19条の7第2項の規定により返還される在留カードの受領は住居地の市町村の事務所に，それぞれ自ら出頭して行わなければならない。
> ② 新入管法第61条の9の3第2項及び第3項の規定は，前項に規定する受領，申請又は届出の手続について準用する。
> 第32条 ① 附則第27条第5項，第28条第4項若しくは第29条第3項の規定により交付され，若しくは附則第30条第2項及び前条第2項において準用する新特例法第10条第3項の規定により返還される特別永住者証明書の受領，附則第28条第3項若しくは第29条第1項の規定による申請又は附則第30条第1項若しくは前条第1項の規定による届出は，居住地（附則第30条第2項及び前条第2項において準用する新特例法第10条第3項の規定により返還される特別永住者証明書の受領又は附則第30条第1項若しくは前条第1項の規定による届出については，住居地）の市町村の事務所に自ら出頭して行わなければならない。
> ② 新特例法第19条第2項及び第3項の規定は，前項に規定する受領，申請又は届出の手続について準用する。

　附則第19条及び第32条は，附則に規定されている届出，申請，在留カード又は特別永住者証明書の受領について，外国人本人の出頭義務を定めた上，代理については入管法又は入管特例法の代理規定を準用している。代理に関しては，第2章8(4)（114頁）及び第3章4（131頁）を参照。

(7) 在留資格の取消し及び退去強制に係る規定の経過措置

> 第20条 新入管法第22条の4第1項第5号の規定は，施行日以後に偽りその他不正の手段により，新入管法第50条第1項又は第61条の2の2第2項の規定

2 経過措置

> による許可を受けた者について適用する。
> 第21条　この法律の施行の際現に新入管法第22条の4第1項第7号に規定する日本人の配偶者等の在留資格又は永住者の配偶者等の在留資格をもって在留する者で，その配偶者の身分を有する者としての活動を継続して6月以上行わないで在留しているものについての同号の規定の適用については，同号中「継続して6月」とあるのは，「出入国管理及び難民認定法及び日本国との平和条約に基づき日本の国籍を離脱した者等の出入国管理に関する特例法の一部を改正する等の法律（平成21年法律第79号）の施行後継続して6月」とする。
> 第22条　施行日前に旧外国人登録法の規定に違反する行為を行い，施行日前又は施行日以後に禁錮以上の刑に処せられた者（執行猶予の言渡しを受けた者を除く。）に対する退去強制については，なお従前の例による。

　ア　附則第20条から第22条までは，在留資格の取消し及び退去強制に係る規定の経過措置を定めている。

　イ　附則第20条は，今回新たに設けられた入管法第22条の4第1項第5号について，その適用は，施行日以後に偽りその他不正の手段により在留特別許可を受けた者に限ることとしている。

　ウ　附則第21条は，同じく今回新たに設けられた入管法第22条の4第1項第7号に関し，施行の際現に同号に規定する日本人の配偶者等又は永住者の配偶者等の在留資格をもって在留する者で，その配偶者の身分を有する者としての活動を継続して6月以上行わないで在留しているものへの適用については，同号中「継続して6月」とあるのを「法の施行後継続して6月」とすることとしている。

　エ　附則第22条は，施行前に外登法の規定に違反する行為を行った者について，施行日前又は施行日以後禁錮以上の実刑を受けた場合には，退去強制事由に該当することとしている。

(8) 在留資格の取消し及び退去強制

> 第23条　①　法務大臣は，附則第17条第1項又は第18条第1項に規定する中長期在留者について，次の各号に掲げるいずれかの事実が判明したときは，当該中長期在留者が現に有する在留資格を取り消すことができる。

> 1 施行日から90日以内に，法務大臣に，住居地の届出をしないこと（届出をしないことにつき正当な理由がある場合を除く。）。
> 2 法務大臣に，虚偽の住居地を届け出たこと。
> ② 前項に規定する在留資格の取消しの手続については，新入管法の規定を準用する。
> 第24条 ① 附則第37条又は第39条の罪により懲役に処せられた外国人については，本邦からの退去を強制することができる。
> ② 前項に規定する退去強制の手続については，新入管法の規定を準用する。

ア 附則第23条及び第24条は，附則の規定の履行担保のため，在留資格の取消事由や退去強制事由を定めている。

イ 附則第23条は，附則の規定により住居地の届出義務がある者が住居地を届け出なかった場合や虚偽の住居地を届け出た場合に，当該外国人の在留資格を取り消すことができるとしたものである。住居地情報は，在留管理上最も重要な情報の一つであるため，その届出義務の履行を担保するために設けられた。

ウ 附則第24条は，附則第37条（在留カード又は特別永住者証明書の交付の申請義務違反，虚偽の住居地届出）又は第39条（他人名義の外国人登録証明書の行使，外国人登録証明書の提供又は他人名義の外国人登録証明書の収受）の罪により懲役に処せられたことを退去強制事由としている。これらの違反行為は，新たな制度の根幹を脅かす行為であることから，退去強制事由に加えることとしたものであるが，その対象者については，真に悪質な者に限定し，これら違反行為に係る罪により懲役に処せられた者としている。

(9) 登録原票の送付等

> （登録原票の送付）
> 第33条 市町村の長は，施行日の前日において市町村の事務所に備えている登録原票を，施行日以後，速やかに，法務大臣に送付しなければならない。
> （登録証明書の返納）
> 第34条 この法律の施行の際現に本邦に在留する外国人（中長期在留者及び特別永住者を除く。）で登録証明書を所持するものは，施行日から3月以内に，法務

> 大臣に対し，当該登録証明書を返納しなければならない。

　施行時に市町村で保管している外国人登録原票については，施行後，速やかに，市町村から法務大臣に送付することとされている（附則第33条）[12]。これは，外登法が廃止されることに伴う措置であり，市町村から送付を受けた外国人登録原票については，法務省が，行政機関の保有する個人情報の保護に関する法律に基づき保管することとなる。

　また，中長期在留者及び特別永住者以外の者が所持している外国人登録証明書は，施行日から3月以内に，法務大臣に返納しなければならない（附則第34条）[13]。

[12]　市町村から法務大臣に送付される外国人登録原票は多量になることが予想されるため，送付の時期や方法については，別途検討の上，市町村に通知することとなろう。
[13]　返納義務違反に対する罰則の規定はない。

(10) 事務の区分

> （事務の区分）
> 第35条　附則第17条第1項，同条第2項及び附則第18条第2項において準用する新入管法第19条の7第2項，附則第18条第1項，第27条第1項及び第5項，第28条第3項及び第4項，第29条第1項及び第3項並びに第30条第1項，同条第2項及び附則第31条第2項において準用する新特例法第10条第3項並びに附則第31条第1項及び第33条の規定により市町村が処理することとされている事務は，地方自治法第2条第9項第1号に規定する第1号法定受託事務とする。

　附則第35条は，附則に規定されている住居地の届出や特別永住者証明書の交付の申請の経由事務，特別永住者証明書の交付，外国人登録原票の送付等，市町村が処理することとされている事務について，地方自治法第2条第9項第1号に規定する法定受託事務とすることを定めている。

(11) 罰則等に関する経過措置

> （罰則等に関する経過措置）
> 第36条　①　施行日前にした行為に対する罰則の適用については，なお従前の例

第4章　改正法附則・経過措置

> ②　旧外国人登録法附則第4項の規定によりなお従前の例によることとされる同項に規定する行為に対する旧外国人登録法附則第2項の規定による廃止前の外国人登録令（昭和22年勅令第207号）第14条から第16条までの規定の適用については，なお従前の例による。

　ア　附則第36条第1項は，旧外登法の罰則の適用について経過措置の規定を設けている。

　新たな在留管理制度の導入に伴い，外登法が廃止されることとなるが，施行日前に行われた同法に違反する行為（同法附則第3項の規定により，なお従前の例によるものとされる旧外国人登録令に違反する行為を含む）については，その施行日後においても処罰するのが相当であることから，本規定を設けたものである。

　イ　附則第36条第2項は，外登法の施行と同時に廃止された旧外国人登録令第14条から第16条までの規定の適用について，経過措置の規定を設けている。

　旧外国人登録令第14条から第16条は，不法入国者等を退去強制すること等を規定していた。旧外国人登録令は，外登法の施行と同時に廃止されたが，これら退去強制等の措置については従前と同じ取扱いをすることが相当であることから，外登法附則第4項はそのようにするための経過措置の規定を設けていた。

　今般の改正により外登法が廃止されることとなるが，前記退去強制等の措置については，外登法廃止後においても従前と同じ取扱いをすることが相当であることから，本規定を設けたものである。

⑿　罰　則

> （罰則）
> 第37条　次の各号のいずれかに該当する者は，1年以下の懲役又は20万円以下の罰金に処する。
> 　1　附則第16条第1項又は第29条第1項の規定に違反した者
> 　2　附則第17条第1項，第18条第1項，第30条第1項又は第31条第1項の規定による届出に関し虚偽の届出をした者

> 第38条　附則第17条第1項，第18条第1項，第30条第1項又は第31条第1項の規定に違反して住居地を届け出なかった者は，20万円以下の罰金に処する。
> 第39条　施行日以後に，次の各号のいずれかに該当する行為をした者は，1年以下の懲役又は20万円以下の罰金に処する。
> 　1　他人名義の登録証明書を行使すること。
> 　2　行使の目的をもって，登録証明書を提供し，又は他人名義の登録証明書を収受すること。
> 第40条　附則第19条第2項において準用する新入管法第61条の9の3第2項各号に掲げる者が，同項の規定に違反して，附則第13条第6項，第15条第4項若しくは第16条第3項の規定により交付され，若しくは附則第17条第2項及び第18条第2項において準用する新入管法第19条の7第2項の規定により返還される在留カードの受領，附則第16条第1項の規定による申請又は附則第17条第1項若しくは第18条第1項の規定による届出をしなかったときは，5万円以下の過料に処する。
> 第41条　附則第32条第2項において準用する新特例法第19条第2項各号に掲げる者が，同項の規定に違反して，附則第27条第5項，第28条第4項若しくは第29条第3項の規定により交付され，若しくは附則第30条第2項及び第31条第2項において準用する新特例法第10条第3項の規定により返還される特別永住者証明書の受領，附則第29条第1項の規定による申請又は附則第30条第1項若しくは第31条第1項の規定による届出をしなかったときは，5万円以下の過料に処する。

　ア　施行日において外国人登録証明書を所持しない中長期在留者は，附則第13条第1項の規定による在留カードの交付の申請（事前交付申請）をした場合を除き，施行日（施行日において本邦から出国している場合には施行日以後最初に入国した日）から14日以内に，法務大臣に対し，在留カードの交付を申請しなければならない（附則第16条第1項）。

　施行日において外国人登録証明書を所持しない特別永住者は，附則第27条第1項の規定による特別永住者証明書の交付の申請（事前交付申請）をした場合を除き，施行日（施行日において本邦から出国している場合には施行日以後最初に入国した日）から14日以内に，法務大臣に対し，特別永住者証明書の交付を申請しなければならない（附則第29条第1項）。

　附則第37条第1号は，中長期在留者又は特別永住者が，これらの義務に違

反した場合について罰則を科している（1年以下の懲役又は20万円以下の罰金）。

イ　施行日の前日において外国人登録原票に登録された居住地が住居地に該当しない中長期在留者（登録された居住地と異なる住居地に居住している者や登録された居住地が公園等の現在地である者等）は，附則第17条第1項各号に定める日から14日以内に，住居地の市町村の長を経由して，法務大臣に対し，住居地を届け出なければならない（附則第17条第1項）。

施行日の前日において外国人登録原票に登録された居住地が住居地に該当しない特別永住者は，附則第30条第1項各号に定める日から14日以内に，住居地の市町村の長を経由して，法務大臣に対し，住居地を届け出なければならない（附則第30条第1項）。

施行日において外国人登録をしていない中長期在留者は，附則第16条第1項の申請をして同条第3項の規定により在留カードの交付を受けた日（その交付を受けた日に住居地がない場合には，その後に住居地を定めた日）から14日以内に，住居地の市町村の長を経由して，法務大臣に対し，住居地を届け出なければならない（附則第18条第1項）。

施行日において外国人登録をしていない特別永住者は，附則第29条第1項の申請をして同条第3項の規定により特別永住者証明書の交付を受けた日（その交付を受けた日に住居地がない場合には，その後に住居地を定めた日）から14日以内に，住居地の市町村の長を経由して，法務大臣に対し，住居地を届け出なければならない（附則第31条第1項）。

附則第37条第2号は，これら届出に関し虚偽の届出をした者[14]について罰則を科している（1年以下の懲役又は20万円以下の罰金）。

附則第38条は，中長期在留者又は特別永住者が，これらの義務に違反した場合について罰則を科している（20万円以下の罰金）。

ウ　中長期在留者又は特別永住者が所持する外国人登録証明書は，施行日後も一定の期間は，在留カード又は特別永住者証明書とみなされる（附則第15条第1項，同条第2項，第28条第1項，同条第2項）。

これらの者以外のものが所持する外国人登録証明書は，外登法の廃止により失効するところ，失効した外国人登録証明書を所持する者は，施行日から3月以内に，法務大臣に対し，外国人登録証明書を返納しなければならない（附

則第34条)。

　附則第39条は,在留カード又は特別永住者証明書とみなされる外国人登録証明書や失効した外国人登録証明書の不正利用を防止するため,他人名義の外国人登録証明書の行使(同条第1号)及び自己若しくは他人名義の外国人登録証明書の提供又は他人名義の外国人登録証明書の収受(同条第2号)について罰則を設けたものである(1年以下の懲役又は20万円以下の罰金)。

　これらの罰則規定は,従前の外登法の罰則規定(外登法第18条第1項第9号,第10号)と同趣旨の規定である。

　エ　附則第40条は,中長期在留者が16歳未満である場合等において,中長期在留者本人に代わって在留カードの受領,住居地の届出等を履行する義務のある者(入管法第61条の9の3第2項に規定する者)がそれらの義務に違反した場合について5万円以下の過料に処することとしたものである。

　オ　附則第41条は,特別永住者が16歳未満である場合等において,特別永住者本人に代わって特別永住者証明書の受領,住居地の届出等を履行する義務のある者(入管特例法第19条第2項に規定する者)がそれらの義務に違反した場合について5万円以下の過料に処することとしたものである。

14)　虚偽届出に係る罪の主体は,「届出に関し虚偽の届出をした者」であってその主体を限定しておらず,中長期在留者又は特別永住者に限らない(第2章7(1)〔90頁〕参照)。

第4章　改正法附則・経過措置

資料14　改正法本則と附則の適用関係整理表

施行日において既に在留している中長期在留者	施行前に外国人登録をしていない		施行日から14日以内に、在留カードの交付申請、在留カードの交付を受ける（附則16条）	住居地を定めた日又は在留カード受領の日のいずれか遅い日から14日以内に市区町村に住居地を届出、在留カードに住居地を記載（附則18条）	その後の住居地の変更は入管法19条の9適用（←附則10条）
				氏名，生年月日，性別，国籍の属する国又は入管法2条5号ロに規定する地域の変更があった場合は，入管法19条の10適用（←附則11条）	
	施行前に外国人登録をしている	施行日において外国人登録証明書（以下「外登証」という）を所持していない（失くした場合など）	施行日から14日以内に、在留カードの交付申請、在留カードの交付を受ける（附則16条）	施行日の前日における登録居住地が住居地に該当している	その後の住居地の変更は入管法19条の9適用（←附則10条）
				施行日の前日における登録居住地が住居地に該当しない（現在地が登録してある場合など）	住居地を定めた日（施行日前に住居地を定めている場合は施行日）又は在留カード受領の日のいずれか遅い日から14日以内に市区町村に住居地届出、在留カードに住居地を記載（附則17条）→その後の住居地の変更は入管法19条の9適用（←附則10条）
		施行日において外登証を所持している	外登証を在留カードとみなす（附則15条1項，2項）	施行日の前日における登録居住地が住居地に該当している	その後の住居地の変更は入管法19条の9適用（←附則10条）
				施行日の前日における登録居住地が住居地に該当しない（現在地が登録してある場合など）	住居地を定めた日（施行日前に住居地を定めている場合は施行日）から14日以内に市区町村に住居地届出、在留カード又はこれにみなされる外登証に住居地を記載（附則17条）→その後の住居地の変更は入管法19条の9適用（←附則10条）
			氏名，生年月日，性別，国籍の属する国又は入管法2条5号ロに規定する地域の変更があった場合は，入管法19条の10適用（←附則11条）		
施行日において既に在留している特別永住者	施行前に外国人登録をしていない		施行日から14日以内に、特別永住者証明書の交付申請、特別永住者証明書交付を受ける（附則29条）	住居地を定めた日又は特別永住者証明書受領の日のいずれか遅い日から14日以内に市区町村に住居地を届出、特別永住者証明書に住居地を記載（附則31条）	その後の住居地の変更は入管特例法10条適用（←附則25条）
				氏名，生年月日，性別，国籍の属する国又は入管法2条5号ロに規定する地域の変更があった場合は，入管特例法11条適用（←附則26条）	
	施行前に外国人登録をしている	施行日において外登証を所持していない（失くした場合など）	施行日から14日以内に、特別永住者証明書の交付申請、特別永住者証明書の交付を受ける（附則29条）	施行日の前日における登録居住地が住居地に該当している	その後の住居地の変更は入管特例法10条適用（←附則25条）
				施行日の前日における登録居住地が住居地に該当しない（現在地が登録してある場合など）	住居地を定めた日（施行日前に住居地を定めている場合は施行日）又は特別永住者証明書受領の日のいずれか遅い日から14日以内に住居地届出、特別永住者証明書に記載（附則30条）→その後の変更は入管特例法10条適用（←附則25条）
		施行日において外登証を所持している	外登証を特別永住者証明書とみなす（附則28条1項，2項）	施行日の前日における登録居住地が住居地に該当している	その後の住居地の変更は入管特例法10条適用（←附則25条）
				施行日の前日における登録居住地が住居地に該当しない（現在地が登録してある場合など）	住居地を定めた日（施行日前に住居地を定めている場合は施行日）から14日以内に住居地届出、特別永住者証明書又はこれにみなされる外登証に記載（附則30条）→その後の変更は入管特例法10条適用（←附則25条）
			氏名，生年月日，性別，国籍の属する国又は入管法2条5号ロに規定する地域の変更があった場合は，入管特例法11条適用（←附則26条）		

注：下線は条件。

2 経過措置

資料15　施行時に既に在留している中長期在留者又は特別永住者についての経過措置

1. 中長期在留者又は特別永住者が所持する外国人登録証明書（以下「外登証」）
⇒　在留カード又は特別永住者証明書とみなす

> 在留カードにみなされる外登証の有効期間は，最大で施行日から3年。
> 特別永住者証明書にみなされる外登証の有効期間は，原則，外登証記載の次回確認（切替）申請期間の始期である誕生日まで。

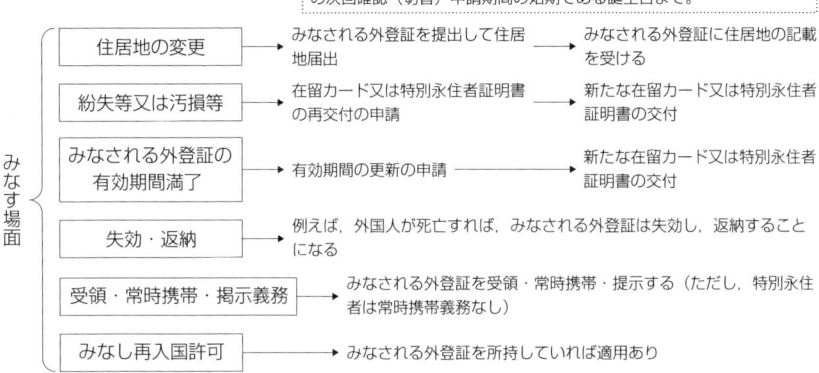

みなす場面

場面	手続	結果
住居地の変更	みなされる外登証を提出して住居地届出	みなされる外登証に住居地の記載を受ける
紛失等又は汚損等	在留カード又は特別永住者証明書の再交付の申請	新たな在留カード又は特別永住者証明書の交付
みなされる外登証の有効期間満了	有効期間の更新の申請	新たな在留カード又は特別永住者証明書の交付
失効・返納	例えば，外国人が死亡すれば，みなされる外登証は失効し，返納することになる	
受領・常時携帯・掲示義務	みなされる外登証を受領・常時携帯・提示する（ただし，特別永住者は常時携帯義務なし）	
みなし再入国許可	みなされる外登証を所持していれば適用あり	

2. 中長期在留者又は特別永住者が施行時に外登証を所持していない場合

施行日から14日以内に在留カード又は特別永住者証明書の交付申請 → 在留カード又は特別永住者証明書の交付

> この者が施行時に外国人登録の申請をしていないとき
> （市町村に外国人登録原票がないとき）

在留カード若しくは特別永住者証明書の交付の日又はその後に住居地を定めた日から14日以内に住居地の届出

3. 中長期在留者又は特別永住者が施行前に外国人登録をしているが，施行日前日において登録されている居住地が住居地に該当しない場合（現在地が登録してある場合など）

- この者が施行時に外登証を所持している → 施行日又はその後に住居地を定めた日から14日以内に，みなされる外登証を提出して住居地届出 → みなされる外登証に住居地の記載を受ける

- この者が施行時に外登証を所持していない → 2.による在留カード若しくは特別永住者証明書の交付の日又はその後に住居地を定めた日から14日以内に住居地届出 → 在留カード又は特別永住者証明書に住居地の記載を受ける

4. 事前申請

→ 公布の日から2年6月以内の政令で定める日から施行日の前日まで，外国人登録をしている予定中長期在留

第4章 改正法附則・経過措置

者又は特別永住者は，在留カード又は特別永住者証明書の事前申請可（在留カード又は特別永住者証明書の交付は施行後）

5. 施行後の任意切替

　→ 施行後，みなされる外登証の有効期間の満了日まで，中長期在留者又は特別永住者は，任意に在留カード又は特別永住者証明書の交付申請可

6. 外国人登録原票の送付等

　市町村は施行後速やかに外国人登録原票を法務大臣に送付。
　在留カード又は特別永住者証明書にみなされない外登証は施行後3月以内に法務大臣に返納しなければならない。

第5章

その他の改正

1 外国人研修制度の見直しに係る措置（施行日：平成22年7月1日）

　現在，我が国には，技能，技術及び知識（以下「技能等」という）の開発途上国等への移転を通じた国際協力を目的として創設された研修・技能実習制度があり，平成20年末現在で約19万人の研修生・技能実習生が我が国に在留し，多くの団体や企業において活用されている（資料16「研修・技能実習生の外国人登録者数の推移」〔166頁〕参照）。この制度では，雇用契約に基づかないで技能等を修得する活動を行う在留資格「研修」と，当該活動に従事している外国人が，雇用契約に基づいて更に実践的な技能等を修得する活動を行う在留資格「特定活動」（技能実習）があり，合わせて最長で3年間，我が国で在留できることになっている。

　しかしながら，研修生や技能実習生の受入れ機関の一部には，研修生等を労働力不足を補うために利用したり，実質的に低賃金労働者として扱うなど，研修・技能実習制度の趣旨を理解しない者がおり，これらの者による不適切な事例が発生している（資料17「不正行為認定機関数の推移」〔167頁〕参照）。

　このような中，平成20年3月に閣議決定された「規制改革推進のための3か年計画（改定）」において，実務研修中の研修生に対し労働関係法令を適用することや技能実習生に係る在留資格を整備することが盛り込まれ，遅くとも平成21年通常国会までに関係法案を提出することとされた。

　本改正は，これを踏まえ，以下のとおり，新たに「技能実習」に係る在留資格を整備し，同在留資格をもって在留する外国人に対し労働関係法令の適用を可能とするなどの措置を講じることとしたものである。

第5章 その他の改正

資料16 研修・技能実習生の外国人登録者数の推移

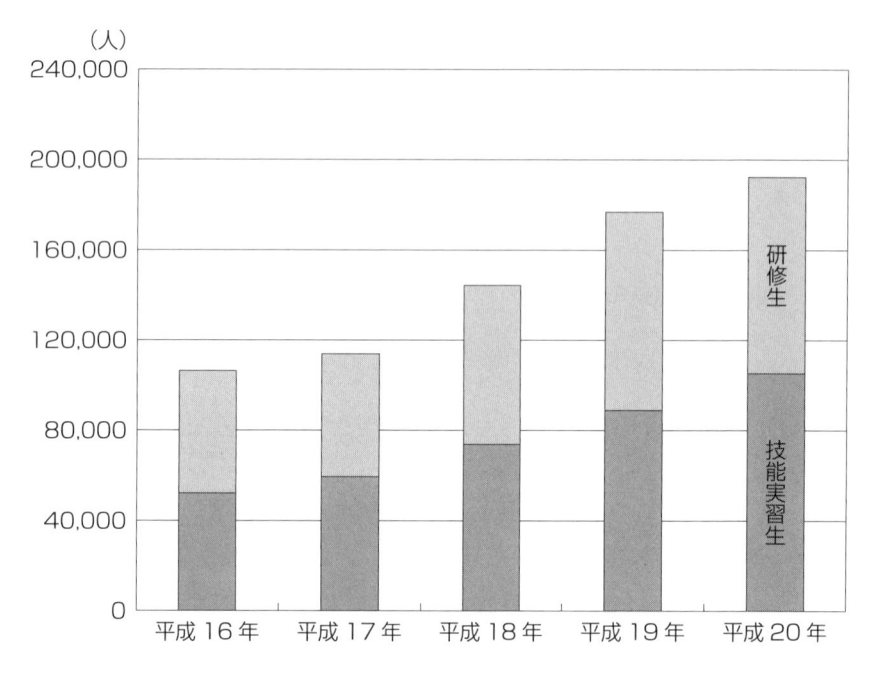

	平成16年	平成17年	平成18年	平成19年	平成20年
研修生	54,317	54,107	70,519	88,086	86,826
技能実習生	52,604	59,755	73,580	89,033	104,990
計	106,921	113,862	144,099	177,119	191,816

(出典:法務省資料)

なお,国や地方公共団体の機関,独立行政法人国際協力機構(JICA)等が実施する公的な研修や,実務研修を伴わない研修を受ける外国人については,引き続き在留資格「研修」により受け入れることとしている。

1 外国人研修制度の見直しに係る措置

資料17 不正行為認定機関数の推移

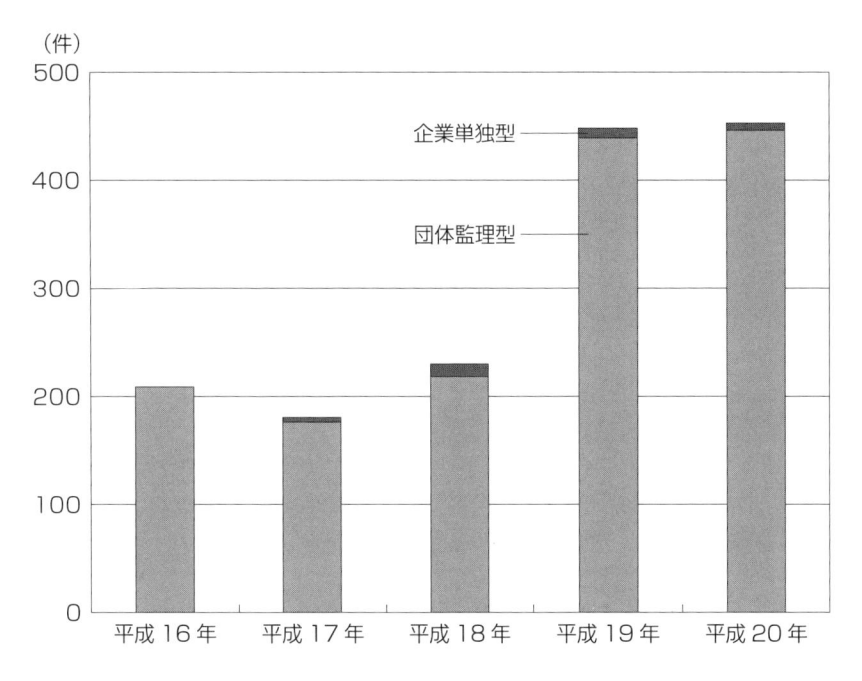

	平成16年	平成17年	平成18年	平成19年	平成20年
企業単独型	2	5	11	9	7
団体監理型	208	175	218	440	445
計	210	180	229	449	452

(出典:法務省資料)

(1) 「技能実習」に係る在留資格の区分

(在留資格及び在留期間)
第2条の2 ① 本邦に在留する外国人は,出入国管理及び難民認定法及び他の法律に特別の規定がある場合を除き,それぞれ,当該外国人に対する上陸許可若しくは当該外国人の取得に係る在留資格(技能実習の在留資格にあつては,別表第1の2の表の技能実習の項の下欄に掲げる第1号イ若しくはロ又は第2号イ若しくはロの区分を含む。以下同じ。)又はそれらの変更に係る在留資格をもつて在

第 5 章　その他の改正

留するものとする。
② 在留資格は，別表第 1 の上欄（技能実習の在留資格にあつては，2 の表の技能実習の項の下欄に掲げる第 1 号イ若しくはロ又は第 2 号イ若しくはロの区分を含む。以下同じ。）又は別表第 2 の上欄に掲げるとおりとし，別表第 1 の上欄の在留資格をもつて在留する者は当該在留資格に応じそれぞれ本邦において同表の下欄に掲げる活動を行うことができ，別表第 2 の上欄の在留資格をもつて在留する者は当該在留資格に応じそれぞれ本邦において同表の下欄に掲げる身分若しくは地位を有する者としての活動を行うことができる。
③ （略）

[別表第 1 の 2 の表技能実習の項の下欄]
1 次のイ又はロのいずれかに該当する活動
 イ 本邦の公私の機関の外国にある事業所の職員又は本邦の公私の機関と法務省令で定める事業上の関係を有する外国の公私の機関の外国にある事業所の職員がこれらの本邦の公私の機関との雇用契約に基づいて当該機関の本邦にある事業所の業務に従事して行う技能，技術若しくは知識（以下「技能等」という。）の修得をする活動（これらの職員がこれらの本邦の公私の機関の本邦にある事業所に受け入れられて行う当該活動に必要な知識の修得をする活動を含む。）
 ロ 法務省令で定める要件に適合する営利を目的としない団体により受け入れられて行う知識の修得及び当該団体の策定した計画に基づき，当該団体の責任及び監理の下に本邦の公私の機関との雇用契約に基づいて当該機関の業務に従事して行う技能等の修得をする活動
2 次のイ又はロのいずれかに該当する活動
 イ 前号イに掲げる活動に従事して技能等を修得した者が，当該技能等に習熟するため，法務大臣が指定する本邦の公私の機関との雇用契約に基づいて当該機関において当該技能等を要する業務に従事する活動
 ロ 前号ロに掲げる活動に従事して技能等を修得した者が，当該技能等に習熟するため，法務大臣が指定する本邦の公私の機関との雇用契約に基づいて当該機関において当該技能等を要する業務に従事する活動（法務省令で定める要件に適合する営利を目的としない団体の責任及び監理の下に当該業務に従事するものに限る。）

　新設した「技能実習」に係る在留資格については，以下の 2 つの分け方の組合せにより，合計 4 つの活動（1 号イ，1 号ロ，2 号イ及び 2 号ロ）の区分に分け，

それぞれの区分を独立した在留資格として取り扱うこととした。
ア　技能等の修得水準による分け方
（ⅰ）　従来の在留資格「研修」の活動のうち企業等において行う実務研修を伴う活動（1号）

（ⅱ）　（ⅰ）の活動に従事して技能等を修得した者が更に実践的な技能等を修得しようとする活動（2号）

イ　受入れ形態による分け方
（ⅰ）　我が国の企業の外国にある現地法人等の職員が我が国の当該企業で行う「企業単独型」の受入れによる活動（イ）

（ⅱ）　営利を目的としない団体の責任及び監理の下に行う「団体監理型」の受入れによる活動（ロ）

(2)　「技能実習」に係る在留資格の特徴
ア　審査における特則

（入国審査官の審査）
第7条　①　入国審査官は，前条第2項の申請があつたときは，当該外国人が次の各号（第26条第1項の規定により再入国の許可を受けている者又は第61条の2の12第1項の規定により交付を受けた難民旅行証明書を所持している者については，第1号及び第4号）に掲げる上陸のための条件に適合しているかどうかを審査しなければならない。

1　（略）

2　申請に係る本邦において行おうとする活動が虚偽のものでなく，別表第1の下欄に掲げる活動（2の表の技能実習の項の下欄第2号に掲げる活動を除き，5の表の下欄（ニに係る部分に限る。）に掲げる活動については，法務大臣があらかじめ告示をもつて定める活動に限る。）又は別表第2の下欄に掲げる身分若しくは地位（永住者の項の下欄に掲げる地位を除き，定住者の項の下欄に掲げる地位については法務大臣があらかじめ告示をもつて定めるものに限る。）を有する者としての活動のいずれかに該当し，かつ，別表第1の2の表及び4の表の下欄並びに5の表の下欄（ロに係る部分に限る。）に掲げる活動を行おうとする者については我が国の産業及び国民生活に与える影響その他の事情を勘案して法務省令で定める基準に適合すること。

第5章　その他の改正

> ３・４　（略）
> ②〜④　（略）
> （在留資格の変更）
> 第20条　①　在留資格を有する外国人は，その者の有する在留資格（これに伴う在留期間を含む。以下第３項まで及び次条において同じ。）の変更（<u>技能実習の在留資格（別表第１の２の表の技能実習の項の下欄第２号イ又はロに係るものに限る。）を有する者については，法務大臣が指定する本邦の公私の機関の変更を含み，</u>特定活動の在留資格を有する者については，法務大臣が個々の外国人について特に指定する活動の変更を含む。）を受けることができる。
> ②〜⑤　（略）
> （技能実習の在留資格の変更の特則）
> 第20条の２　①　技能実習の在留資格（別表第１の２の表の技能実習の項の下欄第２号イ又はロに係るものに限る。）への変更は，前条第１項の規定にかかわらず，技能実習の在留資格（同表の技能実習の項の下欄第１号イ又はロに係るものに限る。）をもつて本邦に在留していた外国人でなければ受けることができない。
> ②　法務大臣は，外国人から前条第２項の規定による技能実習の在留資格（別表第１の２の表の技能実習の項の下欄第２号イ又はロに係るものに限る。）への変更の申請があつたときは，当該外国人が法務省令で定める基準に適合する場合でなければ，これを許可することができない。
> ③　法務大臣は，前項の法務省令を定めようとするときは，あらかじめ，関係行政機関の長と協議するものとする。

　上陸審査においては，「技能実習（２号）」の在留資格をもって上陸を許可することはできない（第７条第１項第２号）。すなわち，「技能実習（２号）」の在留資格をもって在留するには，必ず「技能実習（１号）」の在留資格をもって在留していた外国人が，「技能実習（２号）」への在留資格の変更許可を受けるという形をとらなければならず（第20条の２第１項），さらに，当該許可を受けるためには，当該外国人が法務省令で定める基準に適合する必要がある（同条第２項）[1]。

　なお，「技能実習（２号）」の在留資格を有する者については，法務大臣が指定する本邦の公私の機関を変更した場合にも在留資格の変更許可申請をすることとなる（第20条第１項）。

1 外国人研修制度の見直しに係る措置

1) 法務省令（出入国管理及び難民認定法第20条の2第2項の基準を定める省令〔平成21年法務省令第51号〕）において，①「技能実習（1号）」の在留資格に応じた活動により基礎2級の技能検定その他これに準ずる検定又は試験に合格していること，②申請人が従事しようとする技能実習が，「技能実習（1号）」に応じた活動と同一の実習実施機関で，かつ同一の技能等について行われること，などを要件としている。

イ 活動内容の特徴

(i) 労働関係法令の適用

研修生等を実質的に低賃金労働者として扱うなどの不適切な事例が増加している現状に対処し，技能実習生の保護の強化を図る観点から，「技能実習」に係る在留資格は，「本邦の公私の機関との雇用契約に基づいて」技能等の修得が行われるものでなければならないこととした。これにより，技能実習生は原則として労働関係法令の適用を受けることになる。

(ii) 団体監理型の技能実習における団体の責任及び監理の明確化

従来の研修・技能実習制度において，研修生等を実質的に低賃金労働者として扱う不適切な事例が増加しているなどの問題については，受入れ団体の受入れ企業に対する指導・監督が不十分なためであるとの指摘があり，また，これらの問題が主に団体監理型の受入れにおいて起きていることなどを踏まえ，「技能実習(ロ)」の活動については，「団体の責任及び監理の下に」技能実習生が業務に従事することを明確に規定することとした[2]。なお，技能実習生の技能等を修得する活動の監理を行う団体（以下「監理団体」という）は，「法務省令で定める要件に適合する営利を目的としない団体」であることとされており，具体的な受入れ団体の要件については，法務省令で定めることとなる[3]。

2) 衆議院法務委員会において，「団体の監理の下に」から「団体の責任及び監理の下に」へと修正され，団体監理型の技能実習が監理団体の責任により行われることがより明確にされた。

3) 出入国管理及び難民認定法別表第1の2の表の技能実習の項の下欄に規定する団体の要件を定める省令（平成21年法務省令第53号）において，監理団体は商工会議所，商工会，中小企業団体，職業訓練法人，農業協同組合，漁業協同組合，公益社団法人，公益財団法人又は法務大臣が告示をもって定める団体であることとされているほか，監理団体の責任及び監理の下に，技能実習生が業務に従事するようにするため，①監理団体の役員が，3月に1回以上監査を実施し，その結果を地方入国管理局に報告することとされていること，②監理団体が技能実習生からの相談に対応する措置を講じていること，③監理団体が監理に要する費用を徴収する場合には，その金額及び使途を明示するとともに，技能実習生に直接又は間接に負担させないこと，④監理団体の役職員が，1月に1回以上企業に赴き技能実習の実施状況を確認・指導することとされていること，

などの要件を規定している。詳細については法務省ホームページ（http://www.moj.go.jp/ONLINE/IMMIGRATION/ZAIRYU_NINTEI/zairyu_nintei10_0.html）参照。

(3) 経過措置
ア 「研修」から「技能実習（2号）」への変更

> [改正法附則]
> 第5条 ① 第3号施行日前に旧入管法別表第1の4の表の研修の在留資格を決定されて本邦に上陸した外国人であってその後引き続き本邦に在留するものは，改正入管法第20条の2第1項の規定にかかわらず，技能実習の在留資格（改正入管法別表第1の2の表の技能実習の項の下欄第2号イ又はロに係るものに限る。）への変更を受けることができる。この場合において，改正入管法別表第1の2の表の技能実習の項の下欄第2号イ中「前号イ」とあり，及び同号ロ中「前号ロ」とあるのは，「4の表の研修の項の下欄」とする。
> ② （略）

改正法の本改正に係る施行日（平成22年7月1日）前に「研修」の在留資格で在留する外国人は，「技能実習（2号）」への変更を受けることができることとした。

イ 「技能実習（1号）」に係る在留資格認定証明書の事前交付

> [改正法附則]
> 第6条 法務大臣は，第3号施行日以後に本邦に上陸しようとする外国人であって改正入管法別表第1の2の表の技能実習の項の下欄第1号イ又はロに掲げる活動を行おうとするものから，あらかじめ申請があったときは，法務省令で定めるところにより，同日前に，当該外国人に対し，技能実習の在留資格（同表の技能実習の項の下欄第1号イ又はロに係るものに限る。）に係る在留資格認定証明書を交付することができる。

改正法の本改正に係る施行日（平成22年7月1日）以後に我が国に上陸しようとする外国人であって，「技能実習（1号）」の活動を行おうとするものから，平成22年1月以降，あらかじめ在留資格認定証明書の交付申請があった場合には，当該施行日前に「技能実習（1号）」に係る在留資格認定証明書を交付することができることとした。

2 在留資格「留学」と「就学」の一本化（施行日：平成22年7月1日）

> [別表第1の4の表留学の項の下欄]
> 本邦の大学，高等専門学校，高等学校（中等教育学校の後期課程を含む。）若しくは特別支援学校の高等部，専修学校若しくは各種学校又は設備及び編制に関してこれらに準ずる機関において教育を受ける活動

　平成20年1月，内閣総理大臣の施政方針演説において「留学生30万人計画」が提唱されたことを受け，同年7月に，文部科学省を始めとする関係省庁により「留学生30万人計画」骨子が策定された。これを受け，法務省においては，同計画の実現に向けた出入国管理行政の在り方について出入国管理政策懇談会に検討を依頼し，平成21年1月，同懇談会から法務大臣に対し，「留学生及び就学生の受入れに関する提言」が報告された。

　本改正は，これを踏まえ，留学生の安定的な在留のため，在留資格「留学」と「就学」の区分をなくし，「留学」の在留資格に一本化することにより，留学生の負担軽減を図るものである[4]。

> 4) 改正後の「留学」の在留資格に係る上陸許可基準については，基本的には，従来の「留学」と「就学」の在留資格に係るそれぞれ教育機関の区分に応じた基準を維持するものとなっている。これに対し，資格外活動許可の取扱いについては，従来は留学生と就学生との取扱いが異なっていたところ，改正後の「留学」の在留資格をもって在留する者については，差異を設けず同様に取り扱うこととしている。

> [改正法附則]
> 第5条　①　（略）
> ②　第3号施行日前に旧入管法別表第1の4の表の就学の在留資格を決定されて本邦に上陸した外国人であってその後引き続き本邦に在留するものは，改正入管法別表第1の4の表の留学の在留資格をもって在留するものとみなす。この場合において，当該在留資格に伴う在留期間は，当該就学の在留資格に伴う在留期間が満了する日に応当する日までの期間とする。

　改正法の本改正に係る施行日（平成22年7月1日）前に「就学」の在留資格で在留する外国人は，「留学」の在留資格をもって在留する者とみなされること

となるので，改正法の本改正に係る施行に際して，改めて「留学」の在留資格への変更許可申請をする必要はない。この場合における在留期間は，当該「就学」の在留資格に伴う在留期間の満了する日に応答する日までの期間となる。

3 入国者収容所等視察委員会の設置（施行日：平成22年7月1日）

（入国者収容所等視察委員会）
第61条の7の2 ① 法務省令で定める入国管理官署に，入国者収容所等視察委員会（以下「委員会」という。）を置く。
② 委員会は，入国者収容所等の適正な運営に資するため，法務省令で定める担当区域内にある入国者収容所等を視察し，その運営に関し，入国者収容所長等に対して意見を述べるものとする。
（組織等）
第61条の7の3 ① 委員会は，委員10人以内で組織する。
② 委員は，人格識見が高く，かつ，入国者収容所等の運営の改善向上に熱意を有する者のうちから，法務大臣が任命する。
③ 委員の任期は，1年とする。ただし，再任を妨げない。
④ 委員は，非常勤とする。
⑤ 前各項に定めるもののほか，委員会の組織及び運営に関し必要な事項は，法務省令で定める。
（委員会に対する情報の提供及び委員の視察等）
第61条の7の4 ① 入国者収容所長等は，入国者収容所等の運営の状況について，法務省令で定めるところにより，定期的に，又は必要に応じて，委員会に対し，情報を提供するものとする。
② 委員会は，入国者収容所等の運営の状況を把握するため，委員による入国者収容所等の視察をすることができる。この場合において，委員会は，必要があると認めるときは，入国者収容所長等に対し，委員による被収容者との面接の実施について協力を求めることができる。
③ 入国者収容所長等は，前項の視察及び面接について，必要な協力をしなければならない。
④ 第61条の7第5項の規定にかかわらず，被収容者が委員会に対して提出する書面については，検査し，又はその提出を禁止し，若しくは制限してはならない。

3 入国者収容所等視察委員会の設置

> （委員会の意見等の公表）
> 第61条の7の5　法務大臣は，毎年，委員会が入国者収容所長等に対して述べた意見及びこれを受けて入国者収容所長等が講じた措置の内容を取りまとめ，その概要を公表するものとする。
> （出国待機施設の視察等）
> 第61条の7の6　①　委員会は，第61条の7の2第2項に規定する事務を行うほか，出国待機施設の適正な運営に資するため，法務省令で定める担当区域内にある出国待機施設を視察し，その運営に関し，当該出国待機施設の所在地を管轄する地方入国管理局の長に対して意見を述べるものとする。
> ②　前2条の規定は，前項に規定する事務を行う場合に準用する。

　入国者収容所等視察委員会（以下「委員会」という）は，我が国から退去強制される者を収容する入国者収容所と，収容令書の執行を受ける者等を収容するため地方入国管理局に設けられた収容場（以下「入国者収容所等」という）の視察や被収容者との面接を行い，その結果に基づき，入国者収容所長又は地方入国管理局長（以下「入国者収容所長等」という）に意見を述べ，もって警備処遇の透明性の確保，入国者収容所等の運営の改善を図るために設置される機関である。

　入国者収容所等については，これまでも被収容者の人権に配慮した運営に努めてきたところではあるが，幅広い分野の有識者が入国者収容所等を視察し，被収容者との面接を行い，意見を述べることなどを通じて，被収容者に対する処遇の透明性を確保し，入国者収容所等の運営のより一層の改善向上を図るために委員会を設置することとしたものである。

　また，出入国港において退去命令を受けた者が直ちに出国できない場合に一時的にとどまることができる場所として法務省令で定めている「出国待機施設」についても，委員会が視察や意見の提出等を行うこととした。

　委員会の名称，その担当する施設，組織，運営方法及び委員会に対して提供する情報の内容等については，出入国管理及び難民認定法施行規則（昭和56年法務省令第54号）に定められている。その内容については法務省ホームページ（http://www.immi-moj.go.jp/newimmiact/newimmiact.html）参照。

4 拷問等禁止条約等の送還禁止規定の明文化（施行日：平成21年7月15日）[5]

> （送還先）
> 第53条 ① 退去強制を受ける者は，その者の国籍又は市民権の属する国に送還されるものとする。
> ② 前項の国に送還することができないときは，本人の希望により，左に掲げる国のいずれかに送還されるものとする。
>   1 本邦に入国する直前に居住していた国
>   2 本邦に入国する前に居住していたことのある国
>   3 本邦に向けて船舶等に乗つた港の属する国
>   4 出生地の属する国
>   5 出生時にその出生地の属していた国
>   6 その他の国
> ③ 前2項の国には，次に掲げる国を含まないものとする。
>   1 難民条約第33条第1項に規定する領域の属する国（法務大臣が日本国の利益又は公安を著しく害すると認める場合を除く。）
>   2 拷問及び他の残虐な，非人道的な又は品位を傷つける取扱い又は刑罰に関する条約第3条第1項に規定する国
>   3 強制失踪からのすべての者の保護に関する国際条約第16条第1項に規定する国

我が国が加入している「拷問及び他の残虐な，非人道的な又は品位を傷つける取扱い又は刑罰に関する条約」（拷問等禁止条約）は，第3条第1項で「締約国は，いずれの者をも，その者に対する拷問が行われるおそれがあると信ずるに足りる実質的な根拠がある他の国へ追放し，送還し又は引き渡してはならない」と規定している。また，第171回国会において締結が承認された「強制失踪からのすべての者の保護に関する国際条約」（強制失踪条約）は，第16条1項で「締約国は，ある者が強制失踪の対象とされるおそれがあると信ずるに足りる実質的な理由がある他の国へ当該者を追放し，若しくは送還し，又は当該者について犯罪人引渡しを行ってはならない」と規定している。

本改正は，退去強制を受けるものを送還する場合の送還先に，これらの国を

含まないことを明確に規定したものである。
5) 強制失踪(そう)条約に関する改正規定は,同条約の発効次第施行される(平成22年7月現在未施行)。

5 在留期間更新申請等をした者の在留期間の特例に係る措置(施行日:平成22年7月1日)

(在留資格の変更)
第20条 ① 在留資格を有する外国人は,その者の有する在留資格(これに伴う在留期間を含む。以下第3項まで及び次条において同じ。)の変更(技能実習の在留資格(別表第1の2の表の技能実習の項の下欄第2号イ又はロに係るものに限る。)を有する者については,法務大臣が指定する本邦の公私の機関の変更を含み,特定活動の在留資格を有する者については,法務大臣が個々の外国人について特に指定する活動の変更を含む。)を受けることができる。
② 前項の規定により在留資格の変更を受けようとする外国人は,法務省令で定める手続により,法務大臣に対し在留資格の変更を申請しなければならない。ただし,永住者の在留資格への変更を希望する場合は,第22条第1項の定めるところによらなければならない。
③ 前項の申請があつた場合には,法務大臣は,当該外国人が提出した文書により在留資格の変更を適当と認めるに足りる相当の理由があるときに限り,これを許可することができる。ただし,短期滞在の在留資格をもつて在留する者の申請については,やむを得ない特別の事情に基づくものでなければ許可しないものとする。
④ 法務大臣は,前項の規定による許可をする場合には,次の各号に掲げる区分に応じ,当該各号に定める措置をとるものとする。この場合において,その許可は,それぞれ当該各号に定める在留カード若しくは在留資格証明書の交付又は旅券若しくは在留資格証明書の記載のあつた時に,当該在留カード,在留資格証明書又は旅券に記載された内容をもつて効力を生ずる。
 1 当該許可に係る外国人が引き続き中長期在留者に該当し,又は新たに中長期在留者に該当することとなるとき 入国審査官に,当該外国人に対し,在留カードを交付させること。
 2 前号に掲げる場合以外の場合において,当該許可に係る外国人が旅券を所持しているとき 入国審査官に,当該旅券に新たな在留資格及び在留期間を記載

第5章 その他の改正

> させること。
> 3 第1号に掲げる場合以外の場合において，当該許可に係る外国人が旅券を所持していないとき 入国審査官に，当該外国人に対し新たな在留資格及び在留期間を記載した在留資格証明書を交付させ，又は既に交付を受けている在留資格証明書に新たな在留資格及び在留期間を記載させること。
> ⑤ 第2項の規定による申請があつた場合（30日以下の在留期間を決定されている者から申請があつた場合を除く。）において，その申請の時に当該外国人が有する在留資格に伴う在留期間の満了の日までにその申請に対する処分がされないときは，当該外国人は，その在留期間の満了後も，当該処分がされる日又は従前の在留期間の満了の日から2月を経過する日のいずれか早い日までの間は，引き続き当該在留資格をもつて本邦に在留することができる。
> （在留期間の更新）
> 第21条 ① 本邦に在留する外国人は，現に有する在留資格を変更することなく，在留期間の更新を受けることができる。
> ② 前項の規定により在留期間の更新を受けようとする外国人は，法務省令で定める手続により，法務大臣に対し在留期間の更新を申請しなければならない。
> ③ 前項の規定による申請があつた場合には，法務大臣は，当該外国人が提出した文書により在留期間の更新を適当と認めるに足りる相当の理由があるときに限り，これを許可することができる。
> ④ 第20条第4項の規定は前項の規定による許可をする場合に，同条第5項の規定は第2項の規定による申請があつた場合に，それぞれ準用する。この場合において，同条第4項第2号及び第3号中「新たな在留資格及び在留期間」とあるのは，「在留資格及び新たな在留期間」と読み替えるものとする。

(1) 本改正の趣旨

外国人が在留期間の満了の日までに在留期間更新許可又は在留資格変更許可申請をした場合において，当該申請に対する処分が在留期間の満了の日までになされないときは，従来は在留期間の満了をもって当該外国人は不法残留となっていたが，直ちに不法残留状態とするのが酷な場合があり，また，その後許可処分がされた場合にはその効力が遡って生じるとしていたことから，在留期間の満了の日から許可処分がされるときまでの間の外国人の法的地位が不安定になるなどの問題があった。

5 在留期間更新申請等をした者の在留期間の特例に係る措置

　第20条第5項及び同規定を準用する第21条第4項は，これらの問題を解消するために設けられた規定であるところ，在留期間更新許可申請等に対して許可又は不許可の処分がされれば，その後は外国人の法定地位が不安定になることはないことから，在留期間の満了の日から当該処分がされるときまでの間は従前の在留資格をもって在留できるとし，ただし，「在留期間の満了の日から2月を経過する日」を超えて在留することはできないとするものである。

　このように，外国人が在留することができる期間を決定するに当たっては，「当該処分がされるとき」と「在留期間の満了の日から2月を経過する日」のいずれか早い方の期限を選択する必要があるが，第20条第5項は，法技術的な観点から，「当該処分がされる日又は従前の在留期間の満了の日から2月を経過する日のいずれか早い日までの間」と規定したものにすぎず，「当該処分がされる日」は「当該処分がされるとき」の意味である[6]。

　　[6]　仮に，これを「当該処分がされるとき」ではなく，「当該処分がされる日」と解した場合には，在留期間更新許可申請に対して不許可の処分がされたときであっても，当該外国人は直ちには不法残留状態にはならず，処分がされた日の間は従前の在留資格をもって在留することができるという不合理な結果になる。

　新たな在留管理制度（第2章参照）の導入後においては，中長期在留者については，引き続き従前の在留資格をもって我が国に在留できるものであることを明らかにするため，在留カードに，在留期間更新許可又は在留資格変更許可の申請中である旨を表示することを法務省令で規定する予定である（第2章3イ(x)〔39頁〕参照）。

(2)　資格外活動について

　資格外活動の許可については，当該許可を受けた場合には，本改正により引き続き従前の在留資格をもって在留している間も，当該許可により認められた範囲内の活動が可能となるような取扱いとすることを予定している。

(3)　再入国の許可について

　再入国の許可については，本改正により引き続き従前の在留資格をもって在留している間も，再入国の許可を与えることができるようになる。また，新たな在留管理制度の導入後においては，再入国の許可を受けている外国人から在

留期間の更新申請等があった場合において相当と認めるときは，当該外国人が本条の規定により従前の在留期間をもって在留できる期間の末日まで，当該許可の有効期間を延長することができるようになる（改正後の入管法第26条第4項）。

6 上陸拒否の特例に係る措置（施行日：平成22年7月1日）

（上陸の拒否）
第5条 ① 次の各号のいずれかに該当する外国人は，本邦に上陸することができない。
  1 感染症の予防及び感染症の患者に対する医療に関する法律（平成10年法律第114号）に定める一類感染症，二類感染症，新型インフルエンザ等感染症若しくは指定感染症（同法第7条の規定に基づき，政令で定めるところにより，同法第19条又は第20条の規定を準用するものに限る。）の患者（同法第8条（同法第7条において準用する場合を含む。）の規定により一類感染症，二類感染症，新型インフルエンザ等感染症又は指定感染症の患者とみなされる者を含む。）又は新感染症の所見がある者
  2 精神上の障害により事理を弁識する能力を欠く常況にある者又はその能力が著しく不十分な者で，本邦におけるその活動又は行動を補助する者として法務省令で定めるものが随伴しないもの
  3 貧困者，放浪者等で生活上国又は地方公共団体の負担となるおそれのある者
  4 日本国又は日本国以外の国の法令に違反して，1年以上の懲役若しくは禁錮又はこれらに相当する刑に処せられたことのある者。ただし，政治犯罪により刑に処せられた者は，この限りでない。
  5 麻薬，大麻，あへん，覚せい剤又は向精神薬の取締りに関する日本国又は日本国以外の国の法令に違反して刑に処せられたことのある者
  5の2 国際的規模若しくはこれに準ずる規模で開催される競技会若しくは国際的規模で開催される会議（以下「国際競技会等」という。）の経過若しくは結果に関連して，又はその円滑な実施を妨げる目的をもつて，人を殺傷し，人に暴行を加え，人を脅迫し，又は建造物その他の物を損壊したことにより，日本国若しくは日本国以外の国の法令に違反して刑に処せられ，又は出入国管理及び難民認定法の規定により本邦からの退去を強制され，若しくは日本国以外の国の法令の規定によりその国から退去させられた者であつて，本邦において行

われる国際競技会等の経過若しくは結果に関連して，又はその円滑な実施を妨げる目的をもつて，当該国際競技会等の開催場所又はその所在する市町村（東京都の特別区の存する区域及び地方自治法（昭和22年法律第67号）第252条の19第1項の指定都市にあつては，区）の区域内若しくはその近傍の不特定若しくは多数の者の用に供される場所において，人を殺傷し，人に暴行を加え，人を脅迫し，又は建造物その他の物を損壊するおそれのあるもの

6　麻薬及び向精神薬取締法（昭和28年法律第14号）に定める麻薬若しくは向精神薬，大麻取締法（昭和23年法律第124号）に定める大麻，あへん法（昭和29年法律第71号）に定めるけし，あへん若しくはけしがら，覚せい剤取締法（昭和26年法律第252号）に定める覚せい剤若しくは覚せい剤原料又はあへん煙を吸食する器具を不法に所持する者

7　売春又はその周旋，勧誘，その場所の提供その他売春に直接に関係がある業務に従事したことのある者（人身取引等により他人の支配下に置かれていた者が当該業務に従事した場合を除く。）

7の2　人身取引等を行い，唆し，又はこれを助けた者

8　銃砲刀剣類所持等取締法（昭和33年法律第6号）に定める銃砲若しくは刀剣類又は火薬類取締法（昭和25年法律第149号）に定める火薬類を不法に所持する者

9　次のイからニまでに掲げる者で，それぞれ当該イからニまでに定める期間を経過していないもの

　イ　第6号又は前号の規定に該当して上陸を拒否された者　拒否された日から1年

　ロ　第24条各号（第4号オからヨまで及び第4号の3を除く。）のいずれかに該当して本邦からの退去を強制された者で，その退去の日前に本邦からの退去を強制されたこと及び第55条の3第1項の規定による出国命令により出国したことのないもの　退去した日から5年

　ハ　第24条各号（第4号オからヨまで及び第4号の3を除く。）のいずれかに該当して本邦からの退去を強制された者（ロに掲げる者を除く。）　退去した日から10年

　ニ　第55条の3第1項の規定による出国命令により出国した者　出国した日から1年

9の2　別表第1の上欄の在留資格をもつて本邦に在留している間に刑法（明治40年法律第45号）第2編第12章，第16章から第19章まで，第23章，第26章，第27章，第31章，第33章，第36章，第37章若しくは第39章

第5章 その他の改正

の罪，暴力行為等処罰に関する法律（大正15年法律第60号）第1条，第1条ノ2若しくは第1条ノ3（刑法第222条又は第261条に係る部分を除く。）の罪，盗犯等の防止及び処分に関する法律（昭和5年法律第9号）の罪又は特殊開錠用具の所持の禁止等に関する法律（平成15年法律第65号）第15条若しくは第16条の罪により懲役又は禁錮に処する判決の宣告を受けた者で，その後出国して本邦外にある間にその判決が確定し，確定の日から5年を経過していないもの

10　第24条第4号オからヨまでのいずれかに該当して本邦からの退去を強制された者

11　日本国憲法又はその下に成立した政府を暴力で破壊することを企てて，若しくは主張し，又はこれを企て若しくは主張する政党その他の団体を結成し，若しくはこれに加入している者

12　次に掲げる政党その他の団体を結成し，若しくはこれに加入し，又はこれと密接な関係を有する者

　イ　公務員であるという理由により，公務員に暴行を加え，又は公務員を殺傷することを勧奨する政党その他の団体

　ロ　公共の施設を不法に損傷し，又は破壊することを勧奨する政党その他の団体

　ハ　工場事業場における安全保持の施設の正常な維持又は運行を停廃し，又は妨げるような争議行為を勧奨する政党その他の団体

13　第11号又は前号に規定する政党その他の団体の目的を達するため，印刷物，映画その他の文書図画を作成し，頒布し，又は展示することを企てる者

14　前各号に掲げる者を除くほか，法務大臣において日本国の利益又は公安を害する行為を行うおそれがあると認めるに足りる相当の理由がある者

②　法務大臣は，本邦に上陸しようとする外国人が前項各号のいずれにも該当しない場合でも，その者の国籍又は市民権の属する国が同項各号以外の事由により日本人の上陸を拒否するときは，同一の事由により当該外国人の上陸を拒否することができる。

（上陸の拒否の特例）

第5条の2　法務大臣は，外国人について，前条第1項第4号，第5号，第7号，第9号又は第9号の2に該当する特定の事由がある場合であつても，当該外国人に第26条第1項の規定により再入国の許可を与えた場合その他の法務省令で定める場合において，相当と認めるときは，法務省令で定めるところにより，当該事由のみによつては上陸を拒否しないこととすることができる。

(入国審査官の審査)
第7条 ① (略)
　1〜3 (略)
　4　当該外国人が第5条第1項各号のいずれにも該当しないこと<u>(第5条の2の規定の適用を受ける外国人にあつては，当該外国人が同条に規定する特定の事由によつて第5条第1項第4号，第5号，第7号，第9号又は第9号の2に該当する場合であつて，当該事由以外の事由によつては同項各号のいずれにも該当しないこと。以下同じ。)</u>。
②〜④ (略)
(寄港地上陸の許可)
第14条　①　入国審査官は，船舶等に乗つている外国人で，本邦を経由して本邦外の地域に赴こうとするもの(乗員を除く。)が，その船舶等の寄港した出入国港から出国するまでの間72時間の範囲内で当該出入国港の近傍に上陸することを希望する場合において，その者につき，その船舶等の長又はその船舶等を運航する運送業者の申請があつたときは，当該外国人に対し寄港地上陸を許可することができる。ただし，第5条第1項各号のいずれかに該当する者<u>(第5条の2の規定の適用を受ける者にあつては，同条に規定する特定の事由のみによつて第5条第1項各号のいずれかに該当する場合を除く。以下同じ。)</u>に対しては，この限りでない。
②〜④ (略)

(1)　本改正の趣旨

　従来においては，例えば，退去強制歴があるため上陸拒否事由に該当している外国人が日本人と婚姻し，法務大臣が諸般の事情を考慮して上陸特別許可を与えたような場合であっても，その後，当該外国人が我が国に再入国しようとする度に，入国審査官が上陸を許可することはできず，特別審理官による口頭審理，法務大臣に対する異議の申出の手続を経て上陸特別許可を受けなければ上陸を認められないなど，必ずしも合理的とは言えない場合があった。

　本改正は，外国人に一定の類型の上陸拒否事由に該当する特定の事由(例えば，退去強制後一定期間が経過していないという事由)がある場合であっても，法務大臣が相当と認める場合には，これらの手続を経ずに入国審査官が上陸を許可す

ることにより上陸を認めることができることとしたものである。

(2) 対象となる上陸拒否事由

上陸拒否の特例が認められるのは，第5条第1項第4号，第5号，第7号，第9号又は第9号の2の各上陸拒否事由に該当する特定の事由がある場合に限られる。それ以外の上陸拒否事由については，その性質に照らし上陸の拒否の特例を認めることは相当ではないことから，対象とはしなかったものである。

(3) 具体的な手続等

どのような場合に上陸の拒否の特例を認めるのか，具体的な手続をどうするのかといった点については，法務省令で定めることとなる。この点については，まず，上陸拒否の特例を認めることができる場合として，入管法施行規則第4条の2第1項において，以下のように規定し，また，同条第2項において，入管法第5条の2の規定により外国人について特定事由のみによっては上陸を拒否しないこととしたときは，当該外国人に通知書を交付することを規定している。

① 外国人に法第26条第1項の規定により再入国の許可を与えた場合又は法第61条の2の12第1項の規定により難民旅行証明書を交付した場合であって，当該外国人が在留資格をもって在留している場合

② 外国人に入管法第7条の2第1項の規定により証明書を交付した場合又は外国人が旅券に日本国領事官等の査証（法務大臣との協議を経たものに限る）を受けた場合であって，同法第5条第1項第4号，第5号，第7号，第9号又は第9号の2に該当する特定の事由に該当することとなってから相当の期間が経過していることその他の特別の理由があると法務大臣（同法第69条の2の規定により，同法第5条の2に規定する権限の委任を受けた地方入国管理局長を含む）が認める場合

(4) その他

本改正による上陸拒否の特例措置は，一般上陸の審査（第7条第1項第4号）だけではなく，寄港地上陸（第14条第1項ただし書），通過上陸（第15条第6項に

6 上陸拒否の特例に係る措置

おいて準用する第14条第1項ただし書)及び乗員上陸の審査(第16条第6項において準用する第14条第1項ただし書)等においても同様に取り扱うこととなる。

… 第6章

終わりに

　入管法は，昭和26年に制定されて以来，これまでに何度も改正されてきた。最近の法改正（入管特例法の制定及び外登法の改正を含む）について概観してみると，平成になってからだけでも，以下のものがある。
1　平成元年，①在留資格の整備，②入国審査手続の簡素・迅速化と審査基準の明確化，③不法就労問題に対処するための関係法令の整備等を内容とする入管法の一部改正が行われた。
2　平成3年，①昭和27年に日本国との平和条約の発効により日本の国籍を離脱した者で，終戦前から引き続き本法に在留している在日韓国・朝鮮人及び台湾人並びにこれらの子孫のうち，永住者，協定永住者等の資格をもって在留するものについては，申請を要することなく，本法の規定に基づいて特別永住者としての資格を付与すること，②昭和27年に日本国との平和条約の発効により日本の国籍を離脱した者で，終戦前から引き続き本法に在留している在日韓国・朝鮮人及び台湾人並びにこれらの子孫のうち，定住者等の在留資格をもって在留するもの及び本法の施行後出生したものについては，申請に基づき羈束的に特別永住を許可すること，③特別永住者に対する退去強制事由を，内乱，外患の罪，国交に関する罪，外交の重大な利益を害する罪又はこれらに準ずる重大な罪に限定すること，④特別永住者に係る再入国の有効期間を4年以内とし，さらに1年以内に限り在外公館での延長を認めること等を内容とする入管特例法が制定された。
3　平成4年，我が国社会への定着性を深めた永住者及び特別永住者について，指紋押なつを廃止し，鮮明な写真，署名及び家族事項の登録によってこれに代えること等を内容とする外登法の一部改正が行われた。
4　平成9年，近隣諸国からの船舶による集団不法入国事案が急増したことか

ら，蛇頭を始めとする内外の密航ブローカーに厳正に対処するため，集団密航に係る罰則を新設し，その他の関連規定を整備することを内容とする入管法の一部改正が行われた。

5　平成10年，台湾地域から我が国への入国者が急増していたことから，出入国関係事務の簡素・合理化を図るため，政令で定める地域の権限ある機関の発行した文書を入管法上の旅券の範囲に追加し，政令において当該地域を「台湾」と指定するなどの関係規定を整備することを内容とする入管法の一部改正が行われ，また，この改正法に基づき，同年，「出入国及び難民認定法第2条第5号ロの地域を定める政令」が制定された（なお，パレスチナ暫定自治政府が発行する旅券についても，欧米諸国の取扱いを踏まえつつ，パレスチナ人に係る出入国関係事務の簡素・合理化を図るため，自治政府発行の旅券を入管法上の旅券として取り扱うことができるよう，平成14年，前記政令が改正された）。

6　平成11年，前記3の改正により永住者等を対象として廃止した指紋押なつ制度を，指紋押なつ義務が課せられている非永住者についても同様に廃止することを内容とする外登法の一部改正が行われた。なお，参議院法務委員会において，特別永住者に係る外国人登録証明書及び旅券等の常時携帯義務違反に対する罰則がそれぞれ「20万円以下の罰金」及び「10万円以下の罰金」からともに「10万円以下の過料」に改められるなどの議員修正が行われた。

7　平成11年，①不法在留罪の新設，②上陸拒否期間の伸長，③再入国許可期間の伸長を内容とする入管法の一部改正が行われた。

8　平成13年，フーリガン対策のほか，外国人犯罪対策及び偽変造文書対策を効果的に推進するため，上陸拒否事由及び退去強制事由を整備するとともに，より的確な上陸・在留審査を確保するため入国審査官による事実の調査に関する規定を整備し，併せて事務処理の合理化を図るため法務大臣の権限委任に関する規定を整備することを内容とする入管法の一部改正が行われた。

9　平成16年，①不法滞在者対策として，不法残留等の刑罰に係る罰金の大幅な引上げ，悪質な不法滞在者に対する上陸拒否期間を10年間に伸長すること，出国命令制度の創設とその上陸拒否期間を1年間に短縮すること，在留資格取消制度を創設することを，②難民認定制度の見直しとして，難民

のより適切かつ迅速な庇護を図る観点から，仮滞在許可制度の創設，難民として認定された者等の法的地位の安定化及び不服申立制度の見直しを，③精神障害者に係る上陸拒否事由の見直しとして，精神障害者であることのみをもって一律に上陸拒否事由とすることを改め，拒否対象者を精神上の障害により事理を弁識する能力を欠く常況にある者等で所定の補助者が随伴しないものに限定することを，それぞれ内容とする入管法の一部改正が行われた。

10　平成17年，①人身取引議定書の締結等に伴う人身取引対策の整備として，人身取引の定義規定を新設し，人身取引された者について一部の上陸拒否事由及び退去強制事由から除くこと，人身取引されたことを上陸特別許可事由及び在留特別許可事由に加えること，人身取引の加害者について新たに上陸拒否事由及び退去強制事由を設けることを，②密入国議定書の締結等に伴う罰則等の整備として，他人の不法入国等の実行を容易にする目的で行う旅行証明書の不正受交付等に関する罰則を新設するとともに，新設する罰則に関する退去強制事由を設けることを，③両議定書の締結に伴うテロ対策として，運送業者の旅券等の確認義務及び確認を怠った場合の過料に関する規定の新設，外国人入国管理当局に対する情報提供規定を新設することを，それぞれ内容とする入管法の一部改正が行われた。

11　平成18年，①テロの未然防止として，上陸審査時に特別永住者を除く外国人に指紋等の個人識別情報の提供を義務づけ，テロリストの入国等の規制を適切に行うための退去強制事由の整備等を行い，本邦に入る船舶等の長に乗員・乗客に関する事項の事前報告を義務づけることを，②出入国管理の一層の円滑化のための規定の整備として，上陸審査手続を簡素化・迅速化するため，一定の要件に該当する特別永住者等の外国人が，指紋等の個人識別情報を利用した自動化ゲートを通過することを可能としたほか，退去強制の迅速・円滑化を図るため，退去強制令書の発付を受けた者のうち自費出国の許可を受けた者については，本国送還の原則を緩和して本国以外の受入れ国への送還を可能とすることを，③特区法による特例措置等を全国において実施するための規定の整備として，在留資格に関する特別措置として規定されている「特定研究活動」「特定研究事業活動」等をいずれも入管法の在留資格「特定活動」として規定し，その在留期間の上限を5年にすること等を，そ

第6章 終わりに

れぞれ内容とする入管法の一部改正が行われた。

　これらの改正は，いずれも時代の要請に対応して行われたものであり，それぞれに大きな意義を有するものである。
　しかしながら，今回の入管法の改正は，従来の制度，すなわち，法務大臣が入管法に基づき，外国人の入国時や在留期間の更新時等の各種許可に係る審査を行う際に外国人から必要な情報を取得している一方，在留期間の途中における事情の変更については，法定受託義務として市町村が実施している外国人登録制度を通じて把握することとしている制度を抜本的に改め，適法な在留資格をもって我が国に在留する外国人を継続的に把握する制度の構築を図ろうとするものであって，まさに戦後最大の改正といえる。
　これにより，在留管理に必要な情報を正確に把握できるようになるとともに，在留期間の伸長や，再入国許可制度の見直し等の適法に在留する外国人に対する利便性の向上を図ることが可能になった。
　また，改正法と同時に成立した「住民基本台帳法の一部を改正する法律」により，外国人住民が住民基本台帳法の適用対象に加えられたことから，今後，新たな在留管理制度と外国人に係る住民基本台帳制度との連携を図ることなどにより，我が国に適法に在留する外国人に対し，様々な行政分野において適切な対応が行われることが期待される。

　ところで，近時，我が国が人口減少時代を迎えたことに伴い，外国人労働者の受入れの在り方についての議論が活発になりつつあるように思われる。
　従来の我が国の外国人労働者対策の基本的な考え方としては，第9次雇用対策基本計画「今後の労働市場・働き方の展望と対策の方向」（平成11年8月13日閣議決定）において，「外国人労働者対策に関しては，専門的・技術的分野の外国人労働者の受入れをより積極的に推進することとしており，外国人労働者を受け入れる範囲については，今後も日本の経済社会の状況変化に応じて見直す」とする一方で，「いわゆる単純労働者の受入れについては，日本の経済社会と国民生活に多大な影響を及ぼすことから，十分慎重に対応する」こととされている。このような外国人労働者受入れに関する政府の方針は，昭和63

年以来繰り返し明らかにされており，入管法における就労目的の在留資格の規定も，基本的にはこの方針に沿ったものとなっている。

　平成22年3月に策定された第4次出入国管理基本計画においても，上記の方針が基本とされているところであるが，その一方で，人口減少時代を迎えた我が国における外国人の受入れの在り方については，未だ国民的な合意が形成されているとは言えず，今後，様々な分野における掘り下げた議論が行われる必要があると考える。

　ただ，今後，我が国における外国人の受入れの在り方がどのようなものになるとしても，今回の法改正によって行われることとなった，新たな在留管理制度の構築は，外国人を受け入れるに当たり必要不可欠なものと考えられる。在留管理に必要な情報を正確に把握できる制度の構築なくして，多数の外国人を受け入れることは制度的に困難と考えられるからである。

　本改正法のうち，新たな在留管理制度に係る規定は，改正法の公布の日（平成21年7月15日）から3年を超えない範囲内で政令で定める日から施行されることとなっている。実際の施行は，平成24年7月頃となる見込みである。

　その円滑な施行のためには，政省令を整備し，新制度下における業務遂行の在り方等について十分な検討を行うほか，システムの開発や関係省庁及び地方公共団体との連携の在り方に関する協議を進めていく必要があるものと思われる。

　また，改正法は，従来の制度を大きく変更するものであることから，その周知の徹底が重要である。そのため，法務省入国管理局においては，改正法の内容を紹介するリーフレットを作成・配布したほか，入国管理局ホームページ上においても，改正内容を紹介するとともに，その内容が最新のものとなるよう施行準備の進行状況に合わせて更新を行っている。

　新たな在留管理制度が円滑に導入されるとともに，同制度と車の両輪の関係にある外国人に係る住民基本台帳制度との適切な連携が図られることによって，適法に在留する外国人が我が国の社会の一員として適切な公共サービスを享受し，日本人と外国人との共生社会が実現することを切に願う。そして，本書が

第6章 終わりに

そのために必要な改正法の理解の一助になれば望外の幸せである。

事項索引

あ

IC チップ ……………………………40
「新たな在留管理制度に関する提言」
　………………………………………19
一時庇護上陸許可 ……………………31
永住者 …………………………………41

か

外国人研修制度 ………………23, 165
外国人集住都市会議 …………………14
外国人新規入国者数 …………………5
外国人登録原票 ………………12, 156
外国人登録者数 ………………………8
外国人登録証明書 ………12, 117, 145
外国人登録制度 ………11, 15, 106, 117
外国人登録法 …………………………1
外国人労働者 …………………11, 190
改正法案の一部修正 …………………24
外登法 …………………………………1
仮滞在許可 ……………………………31
過　料 ……………………………100, 136
器械または原料準備（偽変造在留カード
　の）…………………………………96
規制改革会議 …………………………18
規制改革・民間開放推進会議 ………18
偽装婚 …………………………………72
技能実習 ………………………165, 167
技能実習生 ……………………………23
偽変造 …93（在留カードの）, 135（特別
　永住者証明書の）
行政サービス …………………31, 32
強制失踪条約 ………………………176
虚偽届出罪 ……………………………90
居住地 …………………………………36
経過措置 ……………………………138

研　修 ………………………………172
研修・技能実習 ……………………165
研修生・技能実習生 …………………23
研修制度 ………………………23, 165
行　使 …95（偽変造在留カードの）, 97
　（他人名義の在留カードの）
拷問等禁止条約 ……………………176
国外犯処罰 ……………………………98
雇用対策法基本計画
　………………11（第6次）, 190（第9次）

さ

再入国許可 ……………78, 133, 179
　——の延長 …………………………82
　——の取消し ………………………82
　——の有効期間の上限の伸長 ……82
在留カード ………20, 23, 34, 106, 145
　——の記載事項 ……………………35
　——の偽変造 …………………87, 93
　——の携帯義務 …………………53, 98
　——の交付 …………………44, 138
　——の交付申請 ……………………142
　——の再交付 ………………………47
　——の失効 …………………………49
　——の受領義務 …………………53, 98
　——の提示義務 …………………54, 98
　——の返納 …………………………51
　——の法的性格 ……………………35
　——の有効期間 ……………………40
在留期間更新申請等をした者の在留期間
　の特例 ……………………………177
在留期間の上限の伸長 ………………77
在留資格の取消し ………69, 154, 155
在留審査 ………………………………46
在留特別許可 …………………………72
資格外活動 …………………………179

193

事項索引

施行日 …………………………31, 137, 191
事実の調査 ……………………………67
自動化ゲート …………………………189
事務の区分 ……………………………106
指紋押なつ………………………187, 188
就学と留学の一本化 …………24, 173
住居地 ……………………………36, 55
住民基本台帳制度
　　　　　　……15, 20, 102, 104, 117
住民基本台帳法 ……………………1, 190
住民票 …………………………………103
出国待機施設 …………………………175
出頭義務 ………………………114, 131, 154
出入国管理及び難民認定法 ……………1
出入国管理基本計画（第4次）……191
出入国管理政策懇談会 ……………2, 18
乗員手帳 ………………………………99
情報の継続的把握 ………………34, 64
上陸拒否の特例 ………………………180
所持（偽変造在留カードの）………95
新規上陸 …………………………46, 138
人身取引 ………………………………189
申　　請…142, 149（在留カードに係る),
　142（特別永住者証明書に係る）
送還禁止 ………………………………176
送　　達 ………………………………108

た

退去強制 …………………83, 154, 155
代理制度 ………………………114, 131, 154
中長期在留者 …………………………29
調　　査 ………………………………67
テ　　ロ ………………………………189
電磁的方式による記録 ………………40
登録原票 …………………………12, 156
特別永住者……………………2, 106, 117
　　──の届出・申請 ………………129
特別永住者証明書
　　　　　　…………23, 106, 117, 118, 145

──の記載事項 ……………………121
──の偽変造 ……………………87, 135
──の携帯義務に係る規定の削除
　…………………………………………129
──の交付申請 ……………………142
──の再交付 ………………………125
──の失効・返納 …………………126
──の受領・提示 …………………128
──の有効期間 ……………………123
特別永住者数 ……………………………8
届　　出……55, 61, 149（在留カードに係
　る), 62（所属機関等に関する), 66
　（所属機関による), 129（特別永住者
　に係る）
届出義務違反（代理人等の）
　………100, 136（特別永住者に係る）

な

日本国との平和条約に基づき日本の国籍
　を離脱した者等の出入国管理に関する
　特例法 …………………………………117
ニューカマー ……………………………5
入管特例法 ……………………………117
入管法 …………………………………1
入国警備官 ……………………………101
入国者収容所等視察委員会 ……24, 174
入国者数 …………………………………5
入国審査官 ……………………………101

は

配偶者 …………………………………73
罰　　則 ………………90, 134, 157, 158
附帯決議 ………………………………24
不法在留罪 ……………………………188
不法就労助長 ……………………24, 86
不法就労助長罪 ………………………92
不法滞在者 ………………………14, 31, 188
フーリガン対策 ………………………188
法案の一部修正 ………………………24

法定受託事務 …………………………106
法定代理人 ……………………………116
法務省と市町村の情報のやりとり…104
本人出頭義務 …………113, 131, 154

ま

密　航 ……………………………188
みなし再入国許可制度 …………80, 139

ら

留学と就学の一本化 …………24, 173
旅券等の携帯義務 ……………………53
労働関係法令の適用 …………………171

条文索引

出入国管理及び難民認定法（入管法）
第2条の2 ················77, 167
第5条 ························180
第5条の2 ··················182
第7条 ·················169, 183
第14条 ······················183
第19条の3 ···················29
第19条の4 ···················35
第19条の5 ···················40
第19条の6 ···················44
第19条の7 ···················55
第19条の8 ···················56
第19条の9 ···················56
第19条の10 ·················61
第19条の11 ·················41
第19条の12 ·················47
第19条の13 ·················47
第19条の14 ·················49
第19条の15 ·················51
第19条の16 ·················62
第19条の17 ·················66
第19条の18 ·················64
第19条の19 ·················67
第20条 ············44, 170, 177
第20条の2 ··················170
第21条 ·················44, 178
第22条 ·························44
第22条の2 ···················45
第22条の4 ···················69
第22条の5 ···················71
第23条 ···················52, 99
第24条 ·························83
第26条 ·························78
第26条の2 ···················79
第30条の45 ·················57
第30条の46 ·················58
第30条の47 ·················59
第50条 ·························45
第53条 ························176
第61条の2の2 ·············45
第61条の3 ·················101
第61条の3の2 ···········101
第61条の7の2 ···········174
第61条の7の3 ···········174
第61条の7の4 ···········174
第61条の7の5 ···········175
第61条の7の6 ···········175
第61条の8の2 ···········105
第61条の9の2 ···········108
第61条の9の3 ···········114
第68条の2 ·················106
第71条の2 ····················90
第71条の3 ····················90
第73条の2 ····················92
第73条の3 ····················93
第73条の4 ····················94
第73条の5 ····················94
第73条の6 ····················97
第74条の7 ····················98
第75条の2 ····················98
第75条の3 ····················98
第76条 ··························99
第77条の2 ·················100
別表第1の2 ···············168
別表第1の4 ···············173

日本国との平和条約に基づき日本の国籍を離脱した者等の出入国管理に関する特例法（入管特例法）
第7条 ·························118
第8条 ·························121
第9条 ·························123

第 10 条	129	第 13 条	142
第 11 条	130	第 14 条	143
第 12 条	123	第 15 条	145
第 13 条	125	第 16 条	149
第 14 条	125	第 17 条	149
第 15 条	126	第 18 条	150
第 16 条	127	第 19 条	154
第 17 条	128	第 20 条	154
第 18 条	131	第 21 条	155
第 19 条	131	第 22 条	155
第 23 条	133	第 23 条	155
第 26 条	134	第 24 条	156
第 27 条	134	第 25 条	140
第 28 条	134	第 26 条	140
第 29 条	135	第 27 条	143
第 30 条	135	第 28 条	146
第 31 条	135	第 29 条	150
第 32 条	135	第 30 条	151
第 33 条	135	第 31 条	151
第 34 条	135	第 32 条	154
		第 33 条	156
		第 34 条	156

住民基本台帳法

第 22 条	57
第 23 条	57
第 30 条の 50	105

第 35 条	157
第 36 条	157
第 37 条	158
第 38 条	159
第 39 条	159
第 40 条	159
第 41 条	159

出入国管理及び難民認定法及び日本国との平和条約に基づき日本の国籍を離脱した者等の出入国管理に関する特例法の一部を改正する等の法律　附則

第 1 条	137
第 5 条	172, 173
第 6 条	172
第 7 条	138
第 8 条	139
第 9 条	139
第 10 条	139
第 11 条	140
第 12 条	140

住民基本台帳法の一部を改正する法律
（平成 21 年法律第 77 号）　附則

第 1 条	137

◆著者紹介

山田利行
　前法務省入国管理局参事官
　札幌地方検察庁刑事部長

中川潤一
　前法務省入国管理局付検事
　札幌地方検察庁検事

木川和広
　前法務省入国管理局付検事
　東京地方検察庁検事

中本次昭
　法務省入国管理局付検事

本針和幸
　法務省入国管理局総務課補佐官

新しい入管法　2009年改正の解説

2010年10月15日　初版第1刷発行

著　者　　山田利行
　　　　　中川潤一
　　　　　木川和広
　　　　　中本次昭
　　　　　本針和幸

発行者　　江草貞治

　　　　　　　　　　郵便番号 101-0051
　　　　　　　　東京都千代田区神田神保町 2-17
発行所　　株式会社　有　斐　閣
　　　　　　　電話 (03)3264-1314〔編集〕
　　　　　　　　　 (03)3265-6811〔営業〕
　　　　　　　http://www.yuhikaku.co.jp/

印刷・大日本法令印刷株式会社／製本・牧製本印刷株式会社
© 2010, T. Yamada, J. Nakagawa, K. Kigawa,
H. Nakamoto, K. Motohari. Printed in Japan
落丁・乱丁本はお取替えいたします。
★定価はカバーに表示してあります。

ISBN 978-4-641-04654-2

JCOPY　本書の無断複写(コピー)は、著作権法上での例外を除き、禁じられています。複写される場合は、そのつど事前に、(社)出版者著作権管理機構(電話03-3513-6969, FAX03-3513-6979, e-mail:info@jcopy.or.jp)の許諾を得てください。